고금 중국 삼대시인 이백과 두보와 왕유

중국시와 시인

중국시와 시인
고금 중국 삼대시인 이백과 두보와 왕유

송 영 주

시간의 물레

머리말

중국에서 시는 문학 중 백미이다.

거대한 땅 오랜 역사 속에서 백미를 뽐내려던 시인은 또 얼마나 많았겠는가?

오랜 전통의 문화 가운데에서 시의 풍류가 절정에 달했던 풍요의 시대는 盛唐이다. 이때를 살았던 시인 李白, 杜甫, 王維는 중국인들이 역대문학인 중에서도 가장 자랑스러워하는 문인이다.

이들에게 詩仙, 詩聖, 詩佛이란 최상의 칭호를 아끼지 않는다.

이 책은 '중국 시와 시인'이란 제목으로 대학 강의에서 출발하여 교재 및 일반교양을 위한 목적으로 출판하기에 이르렀다.

선정한 시는 三大 시인의 작품 중에서도 걸작에 해당되는 작품들이다. 한 학기 강의라는 시간상의 제약으로 더 소개하고픈 다른 시가 많이 있으나 추릴 수밖에 없었고 이에 따라 우리들이 사는 지금의 생활에서도 부닥치는 공통된 소재를 찾아 시와 인생이 조우하는 각 장면에 따라 테마를 정했고 모두 39편의 시가 모아졌다.

중국 시는 특히 그 자구의 해석만으로는 진정한 의미를 전달할 수 없기 때문에 시인이 처한 상황과 연결시켜 내면적 의미를 탐색하여 시의 경계를 넓혔고 폭넓게 깊이 음미해 보는 데에 주력했다.

시의 참고가 된 도서로는 『唐詩大觀』(商務印書館, 上海辭書出版社, 1986), 『新譯 唐詩三百首』(邱燮友註譯, 三民書局印行, 1976), 『唐詩三百首』(淸·蘅塘退士選編, 京華出版社, 2004), 『唐詩三百首詳析』(喩守眞編註, 中華書局香港分局, 1984), 『唐詩觀止』(徐北文評析, 李永祥注釋, 濟南出版社, 1995), 『文白對照唐詩三百首』(袁韜壺譯著, 天津市古籍書店, 1990) 『杜詩詳註』(唐 杜甫撰·淸 仇兆鼇詳註, 上海古籍出版社, 1992), 『杜甫詩選』(梁鑒江選注, 遠流出版事業股份有限公司, 1988), 『李白詩選』(馬里千選注, 遠流出版事業股份有限公司, 1988), 『王維詩選』(王福耀選注, 遠流出版事業股份有限公司, 1988)을 꼽을 수 있다.

시는 원문과 해석, 주석, 해설의 순서로 진행하면서 시와 시인의 관계와 문예적 특성을 두루 이해할 수 있도록 했으며, 중국어 표기를 달아 중국어 공부에도 도움이 되게 했다.

성당시대의 삼대시인이 인생의 긴 여로에서 울고 웃던 고뇌와 환희의 사색이 숭고하게 승화된 예술세계로 펼쳐져 우리에게 다가올 때 우리는 외로운 삶 속에서 잠시나마 안도의 숨을 쉬면서 새로운 지혜와 용기를 얻는 기쁨을 맛 볼 것이다.

중국과 중국인, 그리고 중국문화를 이해하려는 사람, 중국 시를 배우려는 학생, 일반교양을 함양하려는 사람 모두에게 삼대시인은 유익함을 선사할 것이다.

이를 위하여 열심히 책을 만들어낸 시간과물레 출판사 권호순 사장님께 감사의 마음을 전한다.

제1강 이백과 두보와 왕유
(1) 이백(李白, 701~762) ·· 11
(2) 두보(杜甫, 712~770) ·· 12
(3) 왕유(王維, 701~761) ·· 14
(4) 春日憶李白 / 봄날 이백을 생각하며 ····························· 16
(5) 夢李白 / 이백을 꿈꾸며 ··· 19

제2강 따사로운 봄날, 들길을 거닐다가
(1) 江畔獨步尋花 / 강가를 홀로 거닐다 꽃을 찾다 ············· 25
(2) 絕句 / 절구 ··· 30

제3강 깊은 봄 밤, 소리 있어 가만히 귀 기울이면
(1) 春夜洛城聞笛 / 봄 밤 낙양성에서 피리소리를 듣다 ········· 38
(2) 春夜喜雨 / 봄 밤 반가운 비 ······································· 43

제4강 가을과 시인
(1) 秋興 / 가을의 흥취 ·· 53
(2) 秋浦歌 / 추포의 노래 ·· 60
(3) 九月九日憶山東兄弟 / 9월 9일 산동의 형제를 생각하며 ····· 64

제5강 그대는 아리따운 여인인가?
(1) 春思 / 봄날의 시름 ·· 71
(2) 玉階怨 / 옥계의 원망 ·· 76

제6강 젊은 여인들의 사무치는 독백
(1) 新婚別 / 신혼의 이별 ··· 83
(2) 長干行 / 장간의 노래 ··· 90

제7강 술과 시인, 그리고 인생
(1) 曲江 / 곡강에서 ··· 100
(2) 將進酒 / 술을 권하며 ·· 106
(3) 戴老酒店 / 대노인의 술집 ·· 117
(4) 春日醉起言志 / 봄날 취했다가 일어나 느꼈노라 ············ 119

제8강 달빛 아래 실루엣
(1) 月夜 / 달밤에 ·· 126
(2) 月下獨酌 / 달빛 아래 홀로 술을 마시면서 ···················· 135

제9강 친구여, 친구여 어이 이별할까나
(1) 送友人 / 친구를 보내며 ··· 147
(2) 送元二使安西 / 안서로 사신가는 원이를 전송하며 ········· 154
(3) 送別 / 이별 ··· 161

제10강 강물은 흐르는데…
(1) 登岳陽樓 / 악양루에 올라 ··· 171
(2) 登金陵鳳凰臺 / 금릉의 봉황대에 올라 ·························· 179
(3) 黃鶴樓送孟浩然之廣陵 / 황학루에서 광릉 가는 ············· 187

제11강 속세를 왜 등지냐구요?
(1) 山中問答 / 산속에서의 문답 ·· 196
(2) 送別 / 송별 ·· 203
(3) 鹿柴 / 녹채 ·· 208
(4) 竹里館 / 죽리관 ·· 213

제12강 산이 나를 부른다
(1) 獨坐敬亭山 / 경정산에 홀로 앉아서 ·· 219
(2) 山居秋暝 / 산속의 가을 저녁 ·· 226

제13강 덧없는 인생살이
(1) 江南逢李龜年 / 강남에서 이구년을 만났을 때 ································ 238
(2) 登高 / 산에 올라서서 ··· 246

제14강 추앙받는 사람과 추한 사람의 모델이 있나니
(1) 蜀相 / 촉의 재상 ··· 262
(2) 贈花卿 / 화경에게 바침 ·· 273

제15강 望(망)
(1) 望嶽 / 태산을 바라보며 ·· 283
(2) 春望 / 봄날에 바라보나니 ··· 290
(3) 望天門山 / 천문산을 바라보며 ·· 297
(4) 望廬山瀑布 / 여산 폭포를 바라보며 ·· 303

제1강

이백과 두보와 왕유

중국 고대에 최초로 문학이 성립된 이후 시는 가장 오랜 역사를 가지며 역대의 문인들이 가장 애호하며 심혈을 기울여 창작 활동한 문예 분야이다.

대부분의 중국인들은 역대 중국시문학의 활동 중에서 가장 자부심을 가지는 시대로 당(唐)을 꼽고 그 중에서도 공교롭게 성당(盛唐)시대에 함께 태어났던 시인 이백과 두보를 고금(古今) 중국을 통틀어 전무후무한 대표적 거성시인으로 추앙하며 이에 동시대인인 왕유를 더하여 중국의 삼대(三大)시인으로 간주한다.

이들 세 시인은 개성이 뚜렷하며 창작방법이 각자 독특하고 시의 풍격 역시 다르다. 어떤 관점에서 보느냐에 따라 후대 문학 비평가들이 선호하는 시인의 우상도 다르게 판명되어 내려왔다. 이들의 시를 접하는 여러분들도 세 시인의 시를 감상하며 나름대로 평가를 내려 보자. 아울러 동 시대에 태어나 함께 교류한 사실을 직접 두보의 시를 통해 확인해보고자 한다.

(1) 이백(李白, 701~762)

자는 태백(太白)이며, 호는 청련거사(靑蓮居士)이다. 두보(杜甫)와 함께 이두(李杜)로 병칭되는 중국 최대의 시인이며, 시선(詩仙)이라 불린다. 1,100여 편의 작품이 현존한다. 그의 생애는 분명하지 못한 점이 많아, 생년을 비롯하여 상당한 부분이 추정에 의존하고 있다. 그의 집안은 간쑤성[甘肅省] 룽시현[隴西縣]에 살았으며, 아버지는 서역(西域)의 호상이었다고 전한다. 출생지는 오늘날의 쓰촨성[四川省]인 촉(蜀)나라의 장밍현[彰明縣] 또는 더 서쪽의 서역으로서, 어린 시절을 촉나라에서 보냈다.

이백의 생애는 방랑으로 시작하여 방랑으로 끝났다. 청소년 시절에는 독서와 검술에 정진하고, 때로는 유협(遊俠)의 무리들과 어울리기도 하였다. 쓰촨성 각지의 산천을 유력(遊歷)하기도 하였으며, 민산(岷山)에 숨어 선술(仙術)을 닦기도 하였다.

이백의 시를 밑바닥에서 지탱하고 있는 것은 협기(俠氣)와 신선(神仙)과 술이다. 젊은 시절에는 협기가 많았고, 만년에는 신선이 보다 많은 관심의 대상이었으나, 술은 생애를 통하여 그의 문학과 철학의 원천이었다. 두보의 시가 퇴고를 극하는 데 대하여, 이백의 시는 흘러나오는 말이 바로 시가 되는 시풍(詩風)이다. 두보의 오언율시(五言律詩)에 대하여, 이백은 악부(樂府)와 칠언절구(七言絶句)를 장기로 한다.

성당(盛唐)의 기상을 대표하는 시인으로서의 이백은 한편으로 인간·시대·자기에 대한 커다란 기개·자부에 불타지만, 다른 한편으로는 그 기개는 차츰 전제와 독재 아래의 부패·오탁의 현실에 젖어들어 사는 기쁨에 정면으로 대하는 시인은 동시에 '만고(萬古)의 우수'를 언제나 마음속에 품지 않을 수 없었다. 현존하는 최고(最古)의 그의 시문집은 송대(宋代)에 편집된 것이며, 주석으로는 원대(元代) 소사빈(蕭士贇)의 《분류보주이태백시(分類補註李太白詩)》, 청대(淸代) 왕기(王琦)의 《이태백전집(李太白全集)》 등이 있다.

(2) 두보(杜甫, 712~770)

자는 자미(子美)이며 호는 소릉(少陵)이다. 중국 최고의 시인으로서 시성(詩聖)이라 불린다. 또 이백(李白)과 병칭하여 이두(李杜)라고 일컫는다. 본적은 후베이성[湖北省]의 샹양[襄陽]이지만, 허난성[河南省]의 궁현[鞏縣]에서 태어났다. 먼 조상은 진대(晉代)의 위인 두예(杜預)이고, 조부는 초당기(初唐期)의 시인 두심언(杜審言)이다. 안사의 난을 겪으면서 그의 시에 많은 영향을 받았다.

그의 시를 성립시킨 것은 인간에 대한 위대한 성실이었으며, 성실이 낳은 우수를 바탕으로 일상생활에서 제재를 많이 따서, 널리 인간의 사실, 인간의 심리, 자연의 사실 가운데서 그 때까지 발견하지 못했던 새로운 감동을 찾아내어 시를 지었는데, 표현에는 심혈을 기울였다. 장편의 고체시(古體詩)는 주로 사회성을 발휘하였으므로 시로 표현된 역사라는 뜻으로 시사(詩史)라 불린다.

 단시정형(短詩定型)의 근체(近體)는 특히 율체(律體)에 뛰어나 엄격한 형식에다 복잡한 감정을 세밀하게 노래하여 이 시형의 완성자로서의 명예를 얻었다. 그에 앞선 육조(六朝)·초당(初唐)의 시가 정신을 잃은 장식에 불과하고, 또 고대의 시가 지나치게 소박한 데 대하여 두보는 고대의 순수한 정신을 회복하여, 그것을 더욱 성숙된 기교로 표현함으로써 중국 시의 역사에 한 시기를 이루었고, 그 이후 시의 전형(典型)으로 숭앙되어 왔다. 최초로 그를 숭배했던 이는 중당기(中唐期)의 한유(韓愈)·백거이(白居易) 등이지만, 그에 대한 평가의 확정은 북송(北宋)의 왕안석(王安石)·소식(蘇軾) 등에게 칭송됨으로써 이루어졌으며, 중국 최고의 시인이라는 인식은 오늘날에도 여전하다.

 저서로는 북송(北宋) 왕수(王洙)의 《두공부집(杜工部集)》 20권과 1,400여 편의 시, 그리고 소수의 산문이 전해진다. 주석서(註釋書) 중에서는 송의 곽지달(郭知達)의 《구가집주(九家集註)》는 훈고(訓詁)에 뛰어났으며, 청(淸)의 전겸익(錢謙益)의 《두시전주(杜詩箋注)》는 사실(史實)에 상세하며, 구조오(仇兆鰲)의 《두시상주(杜詩詳註)》는 집대성으로서 각 방면에서 편리하게 이용된다.

(3) 왕유(王維, 701~761)

자는 마힐(摩詰)이고 산시성[山西省] 출생으로 시불(詩佛)이라 불린다. 9세에 이미 시를 썼으며, 서(書), 화(畵)와 음곡(音曲)에도 재주가 뛰어났다. 아우인 진(縉)과 함께 일찍부터 문명(文名)이 높았으며, 특히 기왕(岐王)의 사랑을 받아 731년 진사에 합격, 태악승(太樂丞)이 되었다. 후에 제주(濟州 : 山東省 荏平縣)의 사창참군(司倉參軍)으로 좌천되었으나, 734년 우습유(右拾遺)로 발탁되어 감찰어사·좌보궐(左補闕)·고부낭중(庫部郎中)을 역임, 이부낭중에서 급사중(給事中)이 되었다. 안녹산의 난을 당하여 반란군의 포로가 되어 협박을 받고 할 수 없이 출사하였다. 반란 평정 후 그 죄가 문책되었으나 아우 진의 조력과 반란군 진중에서 지은 천자를 그리는 시가 인정받아 가벼운 벌로 치죄되었을 뿐만 아니라, 그 후 다시 등용되어 상서우승(尙書右丞)의 자리까지 올라갔다. 그 때문에 왕우승이라고도 불렸다. 또한 왕유는 육조시대(六朝時代)의 궁정시인의 전통을 계승한 시인이라 하여 장안(長安) 귀족사회에서는 칭찬이 자자하였고 존경도 받았다.

그의 시는 산수·자연의 청아한 정취를 노래한 것으로 수작(秀作)이 많은데, 특히 남전(藍田 : 陝西省 長安 동남 縣)의 별장 망천장(輞川莊)에서의 일련의 작품이 유명하다. 맹호연(孟浩然)·위응물(韋應物)·유종원(柳宗元)과 함께 왕맹위유(王孟韋柳)로 병칭되어 당대 자연시인의 대표로 일컬어진다. 또 그는 경건한 불교도이기도 해서, 그의 시 속에 불교사상의 영향을 찾아볼 수 있는 것도 하나의 특색이다. 《왕우승집》(28권)이 현존한다. 그는 수묵을 주체로 한 산수화에 뛰어났는데, 금벽휘영화(金碧輝映畵)에도 손을 대고 있어 화풍 또한 다양했던 것으로 짐작된다. 순정·고결한 성격의 소유자로, 탁세(濁世)를 멀리하고 자연을 즐기는 태도 등은 남송문인화의 시조로 받들어지는 기반이 되었다. 송나라의 소동파(蘇東坡)는 왕유의 시를 "시 속에 그림이 있고, 그림 속에 시가 있다(詩中有畵, 畵中有詩)"고 평하였다. 당시는 장안(長安)에 있는 건축의 장벽산수화(牆壁山水畵)나 《창주도(滄州圖)》《망천도(輞川圖)》 등이 알려져 있었으나 확실한 유품은 전하여진 것이 없다.

이들 셋은 거의 동시대의 사람으로서 서로 친분관계를 맺은 적이 있다. 두보는 10살 정도 어렸으나 시를 매개로 이들은 서로 교류했다. 특히 두보가 이백을 생각하며 쓴 시가 많이 전해지고 있다. 다음의 시를 보도록 하자.

(4) 春日憶李白　　봄날 이백을 생각하며

杜甫

白也詩無敵[1]	이백은 시에 대적할 이 없고
飄然[2]思不群[3]	휘날리는 시상 뭇 사람들과는 달라.
淸新[4]庾開府[5]	맑고 새로움은 유신과도 같고
俊逸[6]鮑參軍[7]	빼어나게 훌륭함 포조와도 같도다.
渭北[8]春天樹	위북(渭北)에 머무는 봄날의 나무
江東[9]日暮雲	강동(江東)에 떠도는 저녁 구름.
何時一樽酒	어느 때에나 술 한 잔 나누며
重[10]與細論文	다시 함께 글을 논할까.

1 敵 : 필적하다. 대적하다.
2 飄然 : 범속을 초월하여 자유롭다.
3 不群 : 일반인과 같지 않다.
4 淸新 : 맑고 새롭다. 시풍이 속세의 기운이 없이 산뜻하여 진부하지 않다.
5 庾開府 : 유신(庾信). 자는 자산(子山). 양원제(梁元帝) 때 서위(西魏)에 사신으로 가 있는 동안 양나라가 망하여, 강제로 서위의 수도였던 장안에 머물게 되었다. 그 뒤 북주(北周)에서 開府儀同三司 벼슬을 한 적이 있었기 때문에 세칭 '유개부'라고 한다.
6 俊逸 : 준수하고 표일하다. 시의 기상이 빼어난 것.
7 鮑參軍 : 鮑照. 자는 明遠. 한 때 臨海王의 前軍參軍을 지냈기 때문에 세칭 포참군이라 한다. 이백이 칭찬하던 시인이다.
8 渭北 : 위수(渭水)의 북쪽. 시인이 있던 장안(長安) 일대를 가리킨다. 春日樹는 곧 두보 자신에 대한 표현이다.
9 江東 : 장강(長江)의 동남쪽, 즉 강소(江蘇), 절강(浙江) 일대. 日暮雲은 강동에서 헤매일 이백을 형상화 한 말이다.

천보(天寶) 3년(744년) 여름에 당나라 시단의 거성이었던 두보와 이백은 낙양에서 만났다.

이때에 이백의 나이는 44세, 두보의 나이는 33세였다. 두보는 과거에 낙방했고 이백은 궁중에서 떠났을 때이다. 낙양(洛陽)에서 만난 후에 이들은 함께 양(梁)(지금의 하남성 개봉)과 宋(지금의 하남성 상구) 지방을 두루 유람하였다. 그 후 잠시 이별했고 다음해 가을 두 사람은 곤주(袞州)에서 다시 만났다가 이백은 강동(江東)으로 갔고, 두보는 장안(長安)으로 갔다. 그 후에는 다시 만날 기회가 없게 된다.

그러나 두보는 이백을 평생 생각하며 많은 수의 시를 지었다. 친구로서의 정이 깊었고, 속으로 사모하는 마음이 깊었다. 이 시도 이런 두보의 마음을 그린 시이다.

이 시에 나오는 春天樹, 日暮雲의 구는 후세에 멀리 떠난 친구를 그리는 두터운 우정을 뜻하는 성어로 사용되고 있다.

---

10 重 : 다시

춘일억이백
春日忆李白
chūn rì yì lǐ bái

백야시무적
白也诗无敌
bái yě shī wú dí

표연사불군
飘然思不群
piāo rán sī bù qún

청신유개부
清新庾开府
qīng xīn yǔ kāi fǔ

준일포참군
俊逸鲍参群
jùn yì bào cān qún

위북춘천수
渭北春天树
wèi běi chūn tiān shù

강동일모운
江东日暮云
jiāng dōng rì mù yún

하시일준주
何时一樽酒
hé shí yī zūn jiǔ

중여세론문
重与细论文
chóng yǔ xì lùn wén

(5) 夢李白　　　　　이백을 꿈꾸며

杜 甫

浮雲終日行	뜬 구름 종일 떠가고
遊子¹久不至	나그네 오래도록 오지 않는구나.
三夜頻²夢君	삼일 밤 번번이 그대 꿈꾸니
情親見君意	다정한 님이여, 그대 뜻 알겠네.
告歸³常局促⁴	간다고 알릴 때 항상 풀 죽어 있고
苦道⁵來不易	오기 쉽지 않다고 괴로이 말하네.
江湖多風波	강호에 많은 풍랑이매
舟楫恐失墜	배 젓는 노 떨어뜨릴까 두려워하네.
出門搔白首	문 나서며 흰머리 긁으니
若負平生志	평생의 뜻을 저버린 듯하네.
冠蓋⁶滿京華	높은 벼슬아치들 장안에 가득한데
斯人⁷獨憔悴	그대 홀로 초췌하네.
孰云⁸網恢恢	하늘 그물은 한없이 넓다고 누가 말했소

---

1 遊子 : 나그네, 이곳에서는 이백.
2 頻 : 자주.
3 告歸 : 이별을 알리면서 가다.
4 局促 : 조바심.
5 苦道 : 괴로이 말하다.
6 冠蓋 : 관이 이름 귀인.
7 斯人 : 이백.
8 網恢恢 : 망은 天網, 즉 하늘 망이고 회회는 광활한 모습이다. 〈老子〉 에서 연유하여 하늘 도는 넓고 광활하여 있지 않은 곳이 없으니 공평

將老⁹身反累　　　늙어서 도리어 죄를 뒤집어썼는데.
千秋萬歲名　　　천추만년에 이름을 남긴다 해도
寂寞身後事　　　쓸쓸히 죽은 다음의 일인 것을…….

위의 시는 지덕(至德) 2년(757년) 이백이 귀주성 야랑(夜郎)으로 유배되어 장강을 거슬러 올라갔다는 소식을 접한 두보가 건원(乾元) 2년(759년) 사면 받아 석방된 것을 모르고 줄곧 걱정하던 중 이백의 꿈을 꾸고 깨어나 그 내용을 시로 읊은 작품이다. 생사의 소식이 없고 죽은 듯 초췌한 모습으로 등장하는 이백에 대하여, 같은 시인으로서 자신의 비참한 종말 등을 연상하며 동병상련하는 모습이 구구절절이 흐른다.

하다는 비유이다.
9 將老 : 이때 이백의 나이 59세이다.

몽 이 백
梦李白
mèng lǐ bái

부 운 종 일 행
浮云终日行
fú yún zhōng rì xíng

유 자 구 부 지
遊子久不至
yóu zǐ jiǔ bù zhì

삼 야 빈 몽 군
三夜频梦君
sān yè pín mèng jūn

정 친 견 군 의
情亲见君意
qíng qīn jiàn jūn yì

고 귀 상 국 촉
告归常局促
gào guī cháng jú cù

고 도 래 불 이
苦道来不易
kǔ dào lái bù yì

강 호 다 풍 파
江湖多风波
jiāng hú duō fēng bō

주 즙 공 실 추
舟楫恐失坠
zhōu jí kǒng shī zhuì

출 문 소 백 수
出门搔白首
chū mén sāo bái shǒu

약부평생지
若负平生志
ruò fù píng shēng zhì

관개만경화
冠盖满京华
guān gài mǎn jīng huá

사인독초췌
斯人独憔悴
sī rén dú qiáo cuì

숙운망회회
孰云网恢恢
shú yún wǎng huī huī

장로신반루
将老身反累
jiāng lǎo shēn fǎn lèi

천추만세명
千秋万岁名
qiān qiū wàn suì míng

적막신후사
寂寞身后事
jì mò shēn hòu shì

  이들 시인의 길은 이처럼 뼈를 깎는 듯 아프고 고독하고 슬프도록 진지했었다. 중국이 낳은 불멸의 三大 시인이 들려주는 영혼의 소리에 귀 기울이며, 한 수 한 수 그 높은 경계에 도달하도록 우리 모두 노력해 보자.

제2강

따사로운 봄날,
들길을 거닐다가

이 강에서는 타이틀로 정한 테마에 따라서 시 여행을 떠나자. 그러면 쉽게 접하고 가까이 다가오나 무심히 흘려보내기 일쑤인 평범한 소재로 시작해보자.

'봄의 노래'이다.

먼저 방금까지 행해졌던 일상을 잊고 마음을 비우자. 그리고는 시에 들어가기 전에 시를 받아들일 준비부터 해야 할 것이다. 자기 나름대로 봄을 돌아보고 봄의 상징적 의미를 정리해 보도록 하자.

봄의 세계를 먼저 그려보고 등장하는 시를 맞이하자.

'봄'의 이미지는 사계절의 특징으로 보면 자연이 선사하는 새싹, 꽃, 따스함, 햇볕, 새소리 등 자연 현상에서 오는 계절감과 색채적 이미지가 있고, 인간이 부여한 희망·꿈·소망·젊음·변화·생명 등의 상징적 이미지를 생각해 낼 수 있을 것이다.

순수한 마음과 여유로운 관조의 자세가 필수조건이다.

여기 낮에 지은 시와 함께 밤에 지은 시를 내보낸다.

먼저 앞부분 화창한 봄날의 노래 두 수는 모두 두보의 작품이고 다음 뒷부분은 봄날 칠흑처럼 어두운 밤, 어디선가 나직이 들려오는 소리 있어 자연과 영원과 대화하는 두보와 이백의 진지하고도 맑은 영혼의 소리이다.

하루 중에서도 시간의 흐름에 따라 두 시인의 마음은 무엇을 향해 어떻게 요동치며 어떻게 고귀함을 밝혀내려고 했는지 우리 함께 귀 기울여 보자.

(1) 江畔獨步尋花　　강가를 홀로 거닐다 꽃을 찾다

杜 甫

黃四娘[1]家花滿蹊[2]	황사랑의 집 앞 꽃에 덮인 소로길,
千朶萬朶壓枝低	천 송이 만 송이 가지 휘고 화알짝 피었네.
留連[3]戱蝶時時[4]舞	갈 길 잊고 꽃 속 파묻혀 춤추는 나비,
自在[5]嬌鶯恰恰[6]啼	어여쁘다 앵무새 흥에 겨운 꾀꼴소리.

이 시는 上元 2년(761년) 봄에 지어졌다.

이 시의 형식을 보자.

한 구절이 일곱 자씩이고 네 구절로 되어 있다. 이처럼 한 구절 일곱 자로 구성되어 있는 시를 칠언시라고 하며, 네 구절을 갖춘 형식은 절구(絕句)라고 부른다. 그래서 이 시는 칠언절구(七言絕句)의 형식을 갖추고 있다.

당시에 두보는 성도(成都)의 완화계 초당(浣花溪草堂)에 살고 있었다.

안사의 난리를 겪고 의지할 데 없이 떠돌던 두보는 중국 서남

---

1 黃四娘 : 두보가 성도에 살 때의 이웃 아낙네.
2 蹊 : 좁은 길.
3 留連 : 머물러 있으면서 너무 좋아 차마 떠나지 못하는 것을 형용.
4 時時 : 때때로
5 自在 : 한적한 모양. 자유자재
6 恰恰 : 새우는 소리

부에 위치한 사천성 초당에 기거하게 되면서 비교적 안정된 생활을 영위하게 되었다. 이웃과 왕래하기도 하고 아름다운 자연과 함께 하면서 두보는 심신이 안정되었고 때론 자연이 주는 즐거움에 도취되어 위안 을 얻으며 한 시절을 보냈다.

이 시기에 두보는 농촌을 소재로 한 시를 많이 썼는데 때로는 시의 심성전개가 다른 시기의 작품과 전혀 다른 면모를 보여 주기도 한다.

이 시 역시 완전히 자연에 흠뻑 몰입하였을 때에 한가한 심정을 읊은 시이다.

따스한 봄날 꽃이 만개하여 거리가 온통 꽃으로 덮인 날 그는 홀로 강가를 따라 한적하게 거닐다가 경치를 시로 담았다. 이 시는 모두 7수로 되어 있는데 그 중 제6수에 해당하는 작품이다.

시의 구조를 보자.
1, 2句는 봄의 모습을 정태(靜態)로 묘사했고
3, 4句는 동태(動態)로 그려 대비시켰다.

이미 1, 2句에서 봄의 색채가 화면 전체를 울긋불긋 가득 메우고 있다.

3句에서는 나비가 춤추는 율동적 구조로, 4句에서는 꾀꼬리가 신나게 울어대는 음악적 구조로 봄의 합창을 이룩하고 있어서 움직이는, 살아있는 봄의 정경을 화면가득 넘치게 담고 있다. 생명력이 강렬하게 약동하는 봄의 모습으로 시를 전개시켰다.

소재로 등장한 꽃과 나비와, 꾀꼬리를 보면서 이들의 심상을 통하여 작가의 심성을 유추해 보자.

　이들의 행위를 관찰해 보면 세 가지 소재 모두 봄의 계절적 이미지를 생성하는데 협력하고 있다. 그러나 구속되었거나 강요된 합창이 아니고 자유로운 개성을 소유하고 자발적인 의지가 발휘된 참여의 모습들이다.

　꽃은 어땠나?
　자신이 천 송이 만 송이 활짝 피어 스스로 있는 힘껏 무거워져서 가지를 누르고(2句 壓) 그리고는 낮게 아래로 늘어지게 만들어 놓았다. 역량이 최대한 발휘된 꽃이다.

　나비는 어땠나?
　꽃에 도취되어 갈 길을 잊고 꽃 속에 흠뻑 숨었다가 생각나면 때때로 (3句 時時) 나와서 춤춘다. 순수하기 그지없다. 최대의 자유를 누리고 있다.

　꾀꼬리는 어땠나?
　자기 마음대로 (4句 自在) 울고 싶을 때 아리따운 자태로 목청껏 울어 제친다.(4句 恰恰)
　나비나 꽃에 버금가도록 봄을 만끽하며 찬양하는 자유를 스스로 가졌다.

　이들이 어우러져 엮어 놓은 봄의 무대에 바짝 다가선 작가의 심성은 어떤 것일까?
　다음 시어에서 시인은 어떤 음률을 전개하고 있는가보자.
　2句의 음률은 매우 경쾌하게 구성되어 있다. (한번 읽어보자,

큰소리로 세 번!!!)

 3句의 留連과 4句의 自在는 쌍성어(성모가 같은 자)를 운용하여 시구를 전개시켜 시의를 경쾌하고 깊어지게 의도하고 있다.

 ex) Liu과 Lian의 L음, Zi와 Zai의 Z음을 쌍성이라고 부른다.

 또 3句의 時時와 4句의 恰恰는 첩자(疊字)를 사용하여 강렬한 이미지와 생동감을 더욱 증가시키고 있는 구조이다.

 두보가 시를 구상하고 전개하는 방법은 매우 치밀하고 구조적이다.

강반독보심화
江畔独步寻花
jiāng pàn dú bù xún huā

황사낭가화만혜
黄四娘家花满蹊
huáng sì niáng jiā huā mǎn xī

천타만타압지저
千朵万朵压枝低
qiān duǒ wàn duǒ yā zhī dī

유련희접시시무
留连戏蝶时时舞
liú lián xì dié shí shí wǔ

자재교앵흡흡제
自在娇莺恰恰啼
zì zài jiāo yīng qià qià tí

(2) 絕句　　　　절구

杜甫

江碧[1]鳥逾[2]白	강물 푸른빛에 새는 더욱 희고,
山靑花欲燃[3]	산 푸르러 꽃은 불타는 듯.
今春看[4]又過	올 봄도 보았는데 또 스쳐가기만 하니,
何日是歸年[5]	어느 때가 돌아가는 해 일런가?

　제목이 절구이다. 형식도 네 구절이니 절구이다. 한 구절에 다섯 자씩 되어 있으므로 오언시이다. 즉 오언절구(五言絕句)시이다.

　많은 시인들이 간혹 제목을 〈절구〉라고 해서 특별한 주제의 제목을 달지 않고 그 형식을 제목으로 내 놓는 경우가 있다.

　제목이 떠오르지 않고 시상이 먼저 떠올라 처음에 시를 짓고는, 다 완성되었는데도 또 제목이 마땅치 않아 그냥 〈절구〉를 시 제목으로 굳혀버리는 경우이다.

　두보가 초당에 살고 있을 때에 〈절구〉라는 제목으로 경치를 읊은 유명한 작품이 두 편 있다. 칠언으로 〈절구 4수〉를 지은 것도 칭찬받는 작품이다.

　이 시는 오언으로 지은 〈절구 2수〉 중에 두 번째에 해당하는

---

1 碧 : 푸르다
2 逾 : = 愈 더욱
3 燃 : 붉게 타다.
4 看 : 바라보다
5 歸年 : 고향에 돌아갈 해

작품이다.

　이 시는 명확하지 않다는 설도 있으나 대체적으로 廣德 2년(764년) 두보 나이 54세 봄에 지은 것으로 추측하고 있다. 그는 5년 전(759년) 12월 말경에도 이곳에서 잠시 머문 적이 있었는데, 그때도 옛 친구 엄무(嚴武)의 비호를 받아 평온한 나날을 보냈었다. 하지만 762년경 엄무가 현종과 숙종을 보호하는 직무를 맡아 장안으로 떠난 뒤, 성도의 부지사로 있던 서지도(徐知道)가 반란을 일으켜 그 일대는 대 혼란 속에 빠져들게 되었다. 따라서 두보는 그의 처자식을 이끌고 촉 땅의 여러 곳으로 떠돌아다니게 되었는데 그런 지 1년여의 시간이 지나가 반란군은 고적(高適)에 의해 평정되었고 두보와 막역한 사이였던 엄무가 다시 성도로 발령을 받고는 돌아온다는 소문을 듣게 되어 가족을 데리고 유일한 안식처인 초당(草堂)을 다시 찾았다. 이때의 봄은 이미 여러 해를 지나며 목도 했던 바 있는 봄이다.

　시의 구조를 보자.

　1, 2句는 봄에 펼쳐진 자연의 경치이다.

　3, 4句는 시인의 감정이 표출되어 있다.

　전반부 두 구는 '景', 후반부 두 구는 '情'을 배치시켜 대조를 이루도록 구성한 先景後情이다.

　등장하는 소재를 짚어 보자.

　강과 새, 산과 꽃 네 종류이다.

　1句 내에서 강과 새가 대비를 이루고 있고 2句 내에서 산과 꽃이 대비를 이루고 있다. 한편 1句와 2句는 강과 산이, 새와 꽃

이 대비를 이루고 있다.

 이 시는 소재의 대비만 있는 것이 아니고 색채의 대비로도 이루어져 있다.

 1句 안에서 벽옥색깔과 흰색이 그렇고 2句 안에서 푸른빛과 붉은빛이 그렇다. 또 1句의 '벽'자와 2句의 '청'자가 대비로 쓰였고 '백'자와 '연'자가 대비를 이루고 있다.

 두보는 치밀한 계획을 세워 시를 쓴다.

 작게는 한 구 안에서 대비를, 더 나아가 구와 구의 대비를, 크게는 연과 연 사이, 혹은 전반부와 후반부의 대비를 자유자재로 구사하며 시를 전개하는 수법으로 쓴다. 이 시의 1, 2句는 경물의 대비와 색채의 대비, 문법의 대비로 짜여 있다. 또 전반부와 후반부는 자연인 경물의 자태와 인간인 시인의 심태가 농도 깊은 경정(景情)의 대비를 이루고 있다. 대비는 어떤 효과가 있는 것일까?

 시구를 좀 더 자세히 들여다보자.

 1句를 보자.

 청대의 시론가인 도우개(陶虞开)가 말했듯이 두보는 시로 그림을 풍요롭게 가득 채우고 있다. 강물은 벽옥의 심녹색을 띠고 있는데 수면 위에 하얀 새가 있다. 강물은 안으로 녹색을 감싸고 있어서 흰빛으로 떠 있는 새는 더욱 순백의 색깔을 돋우고 있다. 따사한 봄날 파아란 물과 백색의 새를 선명하게 잘 찍은 고요한 강의 화면을 연상시킨다.

 2句를 보자.

1句의 파아란 강물 빛은 가라앉은 벽옥의 빛깔인데 반하여 푸르른 산은 봄이 확산되어 뻗어나가는 푸르름의 청색이다. 여기에 피어 있는 꽃은 소생하는 푸르름을 누르고 더욱 기세 좋게 불타오르는 듯 빨간색을 연출하고 있다. 1구에서 물속에 감돌고 있는 깊은 녹색의 표면에 대비한 흰빛 물새는 순결하다 못해 차라리 슬픈 백빛을 발한다. 1句의 고요한 강의 정경에 비하여 2句는 화들짝 소생하며 풍요롭게 기세가 넘치는 화려함의 극치에 다다른 산의 정경이다.

1句가 정태(靜態)의 미라면 2句는 동태(動態)의 미다.

찬란한 봄의 잔치가 벌어진 명화를 보는 느낌이다.

대비는 시의 정과 뜻을 강렬하고도 풍성하게 전달하는 효과를 가진다.

봄의 에너지가 강렬하게 발산되고 있는 봄날, 시인 두보가 갖는 심성은 어떤 것이었나?

3句를 보면 두보는 이 샘솟는 자연의 활력 속에 동화하지 못한다. 무거운 마음으로 봄을 관망하고 있다. 올해에도 이 봄은 또 찬란하게 어김없이 찾아 왔건만 나는 왜 돌아가지 못하나! 몇 몇 해 떠돌이 하며 고향에 돌아가지 못하는 자신을 발견한다. 무기력한 자신을 되돌아본다.

두보는 속으로 울고 있는지 모른다. 3句는 작가의 무거운 마음이 두껍게 농축되어 진귀하게 뽑아낸 글자들이다. 보다(看)라는 글자 속에 모든 봄을 함축시키고 있다. 봄의 경치, 지나온 인고의 생활 등 모든 흘러간 과거를 회상하여 보고 있는 봄이다.

다음에 선정한 글자 또(又), 지나간다(過)는 고도의 교차개념이다.

　봄은 지난번에도 보았고, 또 올해도 보여주었고 그리고 엄격한 질서에 따라 또 지나간다. 그리고 내년에 또 찬란하게 올 것을 안다.

　이 두 글자 밖으로 숨어있는 뜻은 심원하다. 이 두 글자는 힘들이고 공들여 찾아 낸 글자이기 때문이다. 찬란하게 지속되는 자연의 생동적 출몰은 상대적으로 자신의 초라한 몰골을 돌아보게 한다. 지칠 줄 모르고 활기 있게 소생하는 자연의 연출은 두보의 깊은 자의식을 자극하기에 충분하다.

　평생을 두고 강렬하게 품어 왔던 국가와 인생에 대한 열정적 에너지는 펴볼 겨를도 없이 소진되었고 불가항력의 무력감으로 왜소하게 늙어가는 자신이 반사적으로 떠오른 것이다.

　찬란한 봄빛 속에서 그는 이율배반적으로 고독과 슬픔과 초라함이 교차하는 마음으로 꽉 차 봄과 대면하고 있다. 그러나 두보는 패배를 선언하지 않고 다시 실낱같은 그러나 강인한 소생의 생명줄을 던진다.

　4구에서 언제쯤이면, 어느 해가 되면 고향에 돌아갈 것인가라고 말한다. 고향은 귀향길이지만 소망이 있는 곳이다. 그곳은 장안과 연결된다. 장안은 생동하는 국가의 정사가 화려하게 펼쳐지는 곳이다.(마땅히 두보 자신이 참여해야 할 장소로서…)

　대립적인 이미지와 상징을 눈여겨 볼만한 시이다.

절 구
絶句
jué jù

강 벽 조 유 백
江碧鳥逾白
jiāng bì niǎo yú bái

산 청 화 욕 연
山靑花欲燃
shān qīng huā yù rán

금 춘 간 우 과
今春看又過
jīn chūn kàn yòu guò

하 일 시 귀 년
何日是歸年
hé rì shì guī nián

제3강

깊은 봄 밤, 소리 있어
가만히 귀 기울이면

(1) 春夜洛城聞笛　　봄 밤 낙양성에서 피리소리를 듣다

李 白

誰家玉笛暗飛聲　　어디선가 옥피리 소리 아득하게 휘날리느니,

散入春風滿洛城[1]　　봄바람 타고 흘러 들어와 낙양성을 가득 채운다.

此夜曲中聞折柳[2]　　이 밤 휘잡는 곡조는 애달픈 절류 이별곡이니

何人不起故園[3]情　　어느 누가, 떠난 고향 사무친 그리움 일지 않으랴!

　이 시는 시인이 나그네 신세로 낙양에 있을 때 지은 시이다. 어느 봄날 깊은 한밤중 적막한 가운데에 어느 집에선가 피리소리가 흘러들어와 시인은 곧 감상에 빠져 들었고 이에 따라 점점 고향생각에 잠기게 되어 이 시를 짓게 된다. 제목에서 보듯이 시상이 떠 오른 것은 피리 소리를 듣고서 이다. 그러므로 제목의 聞(듣다)자를 시안(詩眼)이라고 한다. 모든 경물과 정감이 듣는 데에서 시작되고 산출되고 귀착되니까 말이다. 피리소리만 들릴 뿐 실제론 피리를 부는 사람은 보이지 않는다.

　봄바람이 살랑이는 밤, 번화의 도시 낙양은 낮의 번잡한 활동

1　洛城: 낙양. 한(漢)대의 수도이었고 당(唐)대에는 동도(東都)라고 부름. 당시의 번화 도시.

2　折柳: 〈折楊柳〉가 원곡명. 이 곡은 이별의 정을 읊은 곡인데 이별하는 나그네의 고난을 내용으로 하고 있다.

3　故園: 고향

의 부산함도 정적으로 변하였고 집집마다 밤이 깊어 감에 따라 밝히던 등불도 점점 꺼져가고 온 세계는 고요히 잠들려는 순간이다.

이때 갑자기 들려오는 은은한 듯, 아득한 듯 정막을 깨는 구슬픈 피리소리….

1句를 보자.

누구의 집(誰家)에서 나는 피리 소리인가? 고향을 떠나온 시인은 분명 이때 잠들지 못하고 골똘히 사색에 잠겼을 것이다.

그런데 불현듯 어느 집에서 새어나오는 소리, 이는 예측하지 못한 파격의 행동이었기에 '누구의 집'이라고 서두를 장식하고 있다.

1句에서 고요한 밤에 닥친 소리에 작가가 갖는 심경이 복합적이면서도 고무적이다. 약간은 의외라는 듯, 의심스러운 듯, 이상한 듯, 놀라면서도 감탄하는 듯 들려오는 소리에 완전히 집중하고 있다.

그리고는 몰입한다. 그리고는 경이로운 쪽으로, 호감의 신비감으로 가닥을 잡는다.

이는 피리를, 피리 부는 사람을 보지 못하고 있건만 옥피리(玉笛)라고 써서 맑고도 구슬픈 피리 소리로 규정하는 것을 보면 알 수 있다.

피리도 풀피리, 나무피리, 쇠 피리 여러 종류겠지만 그 중 가장 비싸고 귀한 옥피리가 아닌가!

옥구슬 튀는 소리는 맑고 순수하고 해맑아 아주 듣기 좋은 소리를 상징하면서 고귀한 심상을 독자에게 전달해 준다.

다음 다섯째 자인 암(暗)자의 의미도 날아든 피리 소리를 풍요롭게 만들고 있다.

暗의 뜻은 포함된 의미가 다양하다.

예를 들면 암암리에, 어느 곳인 줄 모르게, 멀리서, 노골적이 아니게 은밀히, 천천히 조금씩, 예고하지 않고, 어둠속의 등등 어두운 밤의 상징성을 두루 내포하며 이 暗자는 시제의 시간인 밤과 어우러져 딱 어울리는 상승의 효과를 가진 단어의 선택이라 할 수 있다.

2句를 보면,

피리 소리는 봄바람을 타고 날아가 맑은 바람 이는 낙양성을 가득 채운다.

이는 예술적 과장 수법이다. 시인의 상상 속에는 이 옥같이 우아하고 아름다운 피리 소리가 마치 낙양성 전역을 휘감아 모든 사람들이 듣고 있으리라고 시상의 날개를 높이 편다.

깊은 밤 고요한 정적의 밤, 인적 소리 없으니 살랑이는 봄바람 타고 어우러져 피리 소리는 높게 높게 날아가리라….

시인의 마음속에 가득 찬 피리 소리의 몰입과 시적 경계는 결코 과장이라 말할 수 없으리라.

3句를 보자.

날아든 피리 소리, 자세히 들어보니 누가 알았으랴 그 곡은 익히 누구나 잘 아는 이별곡 〈折楊柳〉가 아닌가!

나그네인 시인은 아마도 봄밤 잠들지 못하고 먼 곳 고향을 생각하고 있었는지도 모르겠다.

　중국에서는 이전부터 〈절양류〉곡이 전해 내려 왔다. 고대 중국인들은 먼 길 떠날 때에 버들가지를 꺾어 주어 이별의 정표로 삼았다. 이 풍속은 계속 되었고 노래의 가사 내용에도 잊지 말기를 버들 꺾어 당부하고 있다.

　즉 버들은 이별을 상징하는 경물이다.

　시인이 이 노래를 들을 때에 어찌 떠나온 때의 고향 풍경과 고향의 정서에 사로잡히지 않겠는가!

　그래서 자연스럽게 4句는 이렇게 이어졌다.

　낙양에 사는 나그네 어느 누구라도 이 노래 소리를 들으면 어찌 고향에 안기고 싶은 마음과 고향 생각이 나지 않는 사람이 있겠는가라고…….

　인간은 어디에 있던지 고향을 그리워하는 강렬하고도 순수한 감정이 있다. 많은 문학작품에서 동서양을 막론하고 고향은 인간이 갖는 숭고한 정신적 귀착지로 귀결된다.

　대 시인 이백 역시 홀로 홀연히 정처 없이 늘 떠돌아다니지만 피곤하고 지칠 때에 늘 뒤 돌아다 보는 고향이 버팀목으로 존재하고 있었다.

　어릴 적 마냥 뛰놀던 곳, 내가 자란 곳, 산과 물, 그리고 인정, 늘 포근함으로 다가오는 고향을 인간은 영원히 잊지 못하리라. 그리고 끝없이 노래 부르리라.

춘야낙성문적
春夜洛城闻笛
chūn yè luò chéng wén dí

수가옥적암비성
谁家玉笛暗飞声
shéi jiā yù dí àn fēi shēng

산입춘풍만낙성
散入春风满洛城
sàn rù chūn fēng mǎn luò chéng

차야곡중문절류
此夜曲中闻折柳
cǐ yè qǔ zhōng wén zhé liǔ

하인불기고원정
何人不起故园情
hé rén bù qǐ gù yuán qíng

(2) 春夜喜雨   봄 밤 반가운 비

杜 甫

好雨[1]知時節[2]	단비는 시절을 알아,
當春[3]乃[4]發生[5]	봄이면 생명을 솟게 해.
隨風潛入[6]夜	바람 따라 몰래 밤에 찾아와선,
潤物[7]細無聲	가늘게 소리 없이 만물을 적신다.
野徑雲俱黑[8]	들길은 구름과 함께 어둠에 묻혔는데,
江船火[9]獨明	강배의 등불은 홀로 반짝이네.
曉[10]看紅濕處[11]	날이 밝으면 금관성은,
花重[12]錦官城[13]	꽃잎마다 이슬 총총 붉음 덮치리.

---

1 好雨 : 좋은 비, 단비, 필요할 때 내리는 비.
2 知時節 : 시절을 안다. 즉 언제 마땅히 비를 내려야 할 것인가를 안다.
3 當春 : 當자는 (어떤 시기에)처하다, 당하다, 즈음하다의 뜻. 當春은 봄에 이르다는 뜻
4 乃 : 就나 卽의 뜻, 곧, 바로, 즉시, 당장
5 發生 : ①봄비가 발생하다. ② 봄비는 이에(乃) 곧 효과를 발생한다 ③ 모든 物의 생명을 발생시킨다. 세 가지 모두 가능한 해석이다.
6 潛入 : 潛은 조용히, 잠잠히, 암암리의 뜻. 潛入은 조용히 진입하다.
7 潤物 : 만물을 윤택하게 한다.
8 野徑雲俱黑 : 野는 임야. 徑은 소로, 작은길. 전체는 들길인 지상(地上)과 구름 쌓인 천상(天上)이 모두 함께 칠흑처럼 어둡다는 뜻이다.
9 火 : 배안에 있는 등불.
10 曉 : 새벽, 여기서는 이튿날 새벽 아침을 가리킴
11 紅濕處 : 꽃송이 위에 빗방울이 젖어들어 이슬이 맺혀 있는 붉은 곳
12 花重 : 꽃봉오리, 꽃받침에 어제 저녁 단비인 보슬 비를 맞아 반짝이는 흰 이슬을 소중히 머금은 채 송이송이 서 있기 때문에 꽃이 무거

이 시 역시 성도에서 머무르던 시절에 쓴 시이다.

숙종 상원(上元) 원년인 759년 두보는 촉의 땅 성도에서 모처럼 안정된 생활을 영위하며 봄을 맞았는데 어느 날 밤 전원에 소리 없이 내리는 봄비에 감동되어 생동하는 자연의 이치와 생명에 대한 경외감을 깨닫고 오묘한 우주의 조화에 동참하듯 솟구치는 희열에 젖어 이 시를 짓게 된다.

여러분들도 이 시에 들어가기 전 기나긴 겨울을 지나 봄이 오는 길목에서 소곤소곤 가랑비가 내리는 밤, 들녘이 펼쳐진 전원의 정경이 눈앞에 있다고 연상하여 그 정서에 먼저 몰입해 봅시다.

그러면 제1句를 보자.

첫 글자에서 호(好)자를 선택하여 작가가 제목에서 선택한 희(喜)자와 부합하면서 비에 대한 작가의 감정을 이입시키고 있다.

호우(好雨)는 좋은 비, 고마운 비, 기쁜 비라는 뜻으로 작가가 비를 찬미하는 심정을 내비친 것이다. 이 비는 첫 구에서 시절(時節)을 안다(知)고 하여 비를 의인화시키고 있다. 비를 인격화시켜서 계절을, 그 때를 스스로 알고 있다고 했다.

봄의 계절은 어떠한 계절인가?

만물이 싹트고 움트는 계절이 아닌가!

비는, 정말로 고마운 비는 이때를 알고 있다는 것이다.

얼마나 신비하랴!

올 것이란 구체적 묘사의 상상적 표현을 씀.
13 錦官城 : 지금의 사천성 성도(成都)

자연의 질서와 법칙을 어기지 않는 비는 시인에게 매우 감동적이어서 찬사가 절로 터져 나와 '비'에 인격을 부여하였는데 그것도 아주 고상한 품격을 갖춘 우주의 신령한 전령사인 것이다.

그러므로 2句에서 그의 역할을 자연스럽게 표현하고 있다.

봄을 맞이하자마자 곧 발생했다는 것이다.

발생(發生)의 함의(含意) 역시 다양하게 해석할 수 있다.

봄비의 역할로만 보고 봄이 오자 곧 그 비를 내렸다로 해석할 수 있다. 우주에서의 역할을 순수하게 이행하는 봄비 자체로서의 덕성을 발생시켰다는 뜻이다.

다른 해석으로는 내(乃)자에서 한숨 돌려서 발생한 주체는 비의 역할에 국한시키지 말고 모든 만물에 투입시키는 방법이다.

즉 봄이 당도하니까(當春), 비가 옴으로 인하여(乃), 자연의 순환질서와 조화에 따라 모든 잠자던 만물이 비로소 소생하기 시작했다는 말이다. 그 근원에서 봄비의 효과가 발생했다는 뜻이다.

또 다른 해석으로는 더 광범위하게 봄의 특성을 보편적으로 표현한 것으로 보기도 한다. 즉, '봄이 활기를 띄기 시작했네' 정도의 해석이다.

여러분들도 상상력을 동원하여 더 좋은 주석을 내려도 무방합니다. 앞의 것을 무시하고…

2연을 보자.

단비의 형상은 어떤 모습으로 출현했나?

3句를 보면 바람을 따라 밤 안으로 몰래 들어왔다고 했고 4句를 보면 만물을 윤택하게 하지만 가늘게 소리 없이 내린다고

했다.

　1연에서 고상한 품격의 고마운 비는 역시 자태가 은밀하면서도 겉으로 드러내지 않는 우아한 품성을 지녔다고 하겠다.

　아무 것도 보이지 않는 어둠 속에서 바람을 타고 오는 소리 정도로 찾아와 아주 가느다란 모습으로 조용히 살며시 모습을 드러내지만 그의 하는 일은 정말로 경이롭다.

　모든 잠자던, 죽어 있던 만물을 소생시켜 윤택하게 만든다.

　생명을 불어 넣어주는 것이다. 온천지 만물에게…

　소란스럽게 자신의 출현을 알리며 자신의 공로를 큰 소리로 외쳐대지 않는다.

　가만히, 몰래, 조용히, 살포시 일을 하는 것이다.

　그러나 그의 공로는 얼마나 큰가!

　이 작은 듯, 약한 듯 한 비가 소리 없이 온 천지의 만물을 소생시키고 변화시킨다니 얼마나 신비한가!

　시인 두보는 봄밤 비 오는 정경에 완전히 경도되어 희열에 들뜬다.

　요란스럽게 꽹과리를 치며 진리를 외쳐봤자 무슨 감동과 소용이 있으랴!

　진리는, 영원함은, 아름다움은 아마도 이 작은 비처럼 소리 없이 살짝 부드럽게 다가와 그대의 무디어진 가슴속에 불씨를 심으리라.

　3연을 보자.

　2연이 청각적 효과의 배치였다면 3연은 시각적 묘사를 써서

3연에서는 경(景)의 묘사이면서 정(情)이 이입된 경중정(景中情)이 돋보인다.

  5句의 들길(野徑)과 구름(雲)은 지상과 하늘의 상징이니 곧 천지가 모두 캄캄하다는 뜻이다. 이는 아직도 겨울의 잔영이 남아 있음을 표현한 것이리라. 경을 정으로 보면 이 어둠은 죽음, 정적을 상징하는 겨울의 모습을 한 시인을 포함한 사람, 만물의 현재의 계절을 의미 하리라.

  그러나 6句를 보자.

  저 멀리 강가의 배에는 오직 하나 불빛이 있어 밝다.

  흑과 백의 대조이다.

  흑은 전체지만 저 멀리서 다가오는 하나의 밝은 불빛.,..

  어둠 속을 비추이는 작은 빛 하나.

  지금은 어두움이 강하지만 다가오는 내일은 밝다.

  쓸쓸한, 적막한 가운데에 한줄기 소망이 보인다고나 할까?

  경으로 정의 상황을 율동감 있게 표현한 것이다.

  우리의 인생도 기다리면 어둠속에서 홀연히 여명이 밝아 오리라…

  지금은 오리무중 캄캄한 밤이나 내일은 화알짝 소생의 노래를 부르리라…

  마지막 연을 보자.

  작가의 상상이다. 상상 속에서 시인의 심정이 보인다.

  경으로 정을 암시하는 심상은 현재에서 미래로 수직적 상승의 이미지로 전개되며 마무리 된다.

7句를 직역하면 '내일 날이 밝으면(曉) 보게 되리라(看) 붉게 물든 곳을(紅濕處)'의 뜻이다. 이는 8句의 내용과 이어진다. 8句의 꽃(花)으로 무거워진(重)의 의미는 새벽이 되면 어둠 속에 몰래 내렸던 비가 꽃송이 송이 마다 흰 구슬 되어 반짝이며 맺혀 있기 때문에 꽃이 빗물에 젖어 무게가 무거워진 것을 형용한 것이다. 즉, 금관성의 꽃나무들은 모두 생명수인 빗물을 소중히 머금고 소생의 활력을 되찾아 반짝 반짝 생명의 기쁨을 품고 바삐 활동 중인 모습인 것이다.

아주 생기 넘치는 꽃의 도시 금관성의 내일 아침 모습을 시인이 상상하고 있는 것이다. 붉게 꽃으로 물든 도시, 생명력이 넘치는 도시, 금관성의 신선하고 화려한 새아침의 새 모습이다.

경련(5, 6句)의 묘사가 아직 겨울에서 덜 벗어난 경과 정이 주체가 된 현재의 묘사라면 미련(7, 8句)의 묘사는 스산하고 쓸쓸하고 적막하기 그지없던 겨울을 완전히 벗어 버리고 밝게 생동하는 생명의 고동 소리에 환희하는 만물의 경과 시인의 정이 주체가 되어 곧 오고 있는 희망찬 미래인 봄을 조명하고 있는 것이다.

이 두 연의 대비는 대칭적 구조를 이루면서 시적 심상의 이미지를 확대 시키고 있다.

정경과 심상의 일치, 현재와 미래의 대립, 예술 미학적 경계의 확산 등 돋보이는 시의 치밀한 구조는 두보의 천부적 재능의 소산일 것이다

특히 4구 〈潤物細無聲〉은 숭고한 정신과 감성을 나타낸 句라

하며 예부터 회자되던 명구로 꼽힌다.
 그대도 봄비, 더욱이 밤의 정적 속의 비를 보았나요?
 그리고 봄의 가는 밤비를 좋아했나요?
 어둠속에서 기쁨은 조용히 찾아든다.
 우리가 조금만 귀 기울인다면.

춘야희우
春夜喜雨
chūn yè xǐ yǔ

호우지시절
好雨知时节
hǎo yǔ zhī shí jié

당춘내발생
当春乃发生
dāng chūn nǎi fā shēng

수풍잠입야
随风潜入夜
suí fēng qián rù yè

윤물세무성
润物细无声
rùn wù xì wú shēng

야경운구흑
夜径云俱黑
yè jìng yún jù hēi

강선화독명
江船火独明
jiāng chuán huǒ dú míng

효간홍습처
晓看红湿处
xiǎo kàn hóng shī chù

화중금관성
花重锦官城
huā zhòng jǐn guān chéng

제4강

가을과 시인

무덥던 여름엔 가을을 기다린다. 찬바람 이는 가을 앞에서 우리는 저절로 옷깃을 여민다. 그리고 마음을 가다듬는다. 더욱 엄숙해진다. 시 앞에서는 더욱 그래야 하리라.

지난주 봄의 노래에 들어가기 전 자신만의 이미지를 먼저 정리했듯이 이번에도 가을이 주는 상징성에 대하여 자연적인 것, 인간적인 것 두루 자기 것을 조명해 놓자. 가을의 이미지에 대하여 주변사람들과 한마디씩 해보자. 죽음, 형벌, 수확, 심판, 결실, 낙엽, 열매, 석양, 황혼, 이슬 등등이 맞는지?

그리고는 작품에 들어가야 한다.

두보, 이백, 왕유가 읊은 세 가을을 뽑았다.

첫 작품을 보자 두보의 가을이다. 두보는 가을에 관한 단어들을 마구 쏟아내고 있는데 지금 내 생각과 어떤 차별성을 가지는지 또 하나의 세계를 들여다보자.

(1) 秋興   가을의 흥취

杜 甫

玉露[1]凋傷[2]楓樹林	차디찬 옥 이슬에 단풍수풀 숲 시드니
巫山巫峽[3]氣蕭森[4]	무산 무협에 가을 기운이 쓸쓸히 감돈다.
江間[5]波浪[6]兼天[7]湧	강물파도는 하늘 끝닿아 용솟음치고
塞上風雲接地陰	변방풍운은 땅 끝 내리 덮어 음산하기만.
叢菊兩開[8]他日[9]淚	국화 떨기 거듭 피니 지난날이 눈물겹고
孤舟一繫故園[10]心	외로운 배엔 고향생각 한결같이 묶여 있다.
寒衣處處[11]催刀尺[12]	겨울옷 만드느라 곳곳마다 마름질을 재촉하고
白帝城[13]高急暮砧[14]	백제성 높은 곳 저녁 다듬이 소리 급히 울려 퍼지네.

---

1 玉露 : 가을 이슬이 결백하기가 옥과 같다는 의미, 구슬 같은 이슬.
2 凋傷 : 시들고 상하게 함.
3 巫山巫峽 : 무산은 사천성(四川省)의 장강(長江) 강변에 있는 산. 무협은 삼협 중의 하나로 무산 옆에 있다. 이곳은 산세가 험악하고 물살이 급하기로 유명하다.
4 蕭森 : 쓸쓸하고 음산하다.
5 江間 : 江上. 양자강(揚子江)의 흐름.
6 波浪 : 파도.
7 兼天 : 하늘에 닿을 듯.
8 兩開 : 성도(成都)를 떠난 후 두 번째 꽃이 피었다.
9 他日 : 지난 날.
10 故園 : 고향.
11 處處 : 여기저기.
12 催刀尺 : 가위와 자로 바느질을 서둘러한다.
13 白帝城 : 기주성(夔州城) 동쪽에 있는 성 이름.

이 시는 전주보다 길어졌다. 한 구에 일곱 자씩 여덟 구로 형식을 취하고 있다. 일곱 자이니까 칠언시다. 여덟 구로 되어 있는 것은 율시(律詩)라고 부른다. 그러므로 이 시의 형식은 칠언율시라고 말한다.

〈추흥〉은 모두 여덟 수로 지어졌는데, 이 작품은 첫 수에 해당한다. 8수는 전편이 모두 심혈을 기울인 대작으로 두보를 대표하는 명편으로 꼽고 있다.

이 시는 두보가 大歷 원년(766년)에 기주(夔州)에서 지은 시이다. 8년 동안 지속된 안사의 난은 광덕 원년(763년)에 일단락되었지만, 토번, 위구르 등의 침략으로 전쟁이 그치지 않았으므로 당 왕조는 또 다시 혼란에 휩싸이게 되었다. 이 때 시인과 절친한 사이였던 엄무가 세상을 떠났으며, 두보는 자신의 가족들을 데리고 성도의 정든 초당을 떠나 장강을 따라 내려와 지세 험난한 삼협이 시작되는 기주지방에 체류하게 된다.

이곳 기주에서 2년을 지나게 되는데, 두보는 이미 55세의 노년이었고 만년에 병이 많아 매우 고독한 생활을 영위하고 있었다.

8수 중 떼어내어 한 수만 감상한다면 두보가 의도한 전악장 예술의 균형을 망가트린다고 할 만큼 두보가 치밀한 구도와 계획을 세워 비장하게 써 내려간 시이다.

전편은 국가의 흥망성쇠를 걱정하는 애국사상을 주제로 하였고 소재는 기주의 을씨년스러운 가을풍경과 노시인의 병든 몸, 신세의 영락 등을 택하여서 시종일관 위란을 맞은 조국에 안녕

---

14 急暮砧 : 저녁에 다듬이질 소리가 다급하다.

을 기원하는 깊은 충정의 심사를 예술적으로 승화, 관통시키는 기조를 보이고 있다.

우리가 보는 1수는 음악으로 치면 〈서곡〉에 해당한다.

자, 1연을 보자

첫 2구를 합하여 1연(聯)이라고 한다. 또는 수련(首聯)이라고도 부른다. 3, 4구를 2연, 혹은 함련(頷聯)이라고 부른다. 마찬가지로 5, 6구를 3연, 혹은 경련(頸聯)이라고 부른다. 7, 8구를 4연, 혹은 미련(尾聯)이라고 부른다.

1연은 장강 중에서도 험하기로 이름난 삼협 중에서 무협과 강에 접한 무산의 가을 형상을 격렬한 회화적 수법으로 그려냈다.

가을의 시어가 풍성하다. 옥 이슬과 단풍 숲 등 가을 형상의 소재이다. 이들을 수식하는 시어를 관찰해 보자. 첫 구의 凋·傷의 단어는 말라 시들어 죽어간다는 뜻이라 이미 숲은 가을이 깊었고 거의 말라 생명력이 소멸되어 가는 중의 경치를 나타낸다. 2句에서 무산·무협을 수식하는 시어로 두보는 적막하고 고요하고 쓸쓸하기 그지없다는 뜻을 간직한 소삼(蕭森)을 택하고 있다.

1연은 '景'의 묘사이다.

기주의 어떤 음침한 가을 날 차가운 이슬에 말라 버린 앙상한 나무숲의 산과 본디 적막하기 그지없는 강물을 그려내고 있다.

강한 기세를 가진 시어의 선택은 '경'의 묘사이지만 작가의 '정'을 표현한 것이기도 하다. 감정이 강렬하게 융해되어 있어서 벌써 경치는 마치 폐허의 전장을 연상하고 슬픔의 전주곡을 울리고 있는 듯하다

2연의 묘사를 보자 먼저 파도, 바람, 구름의 의미가 상징하는 것은 맑은, 밝은 기상도가 아니다. 하늘과 해가 보이지 않는다.

작가의 내재정신을 들여다보자.

3句를 보면 강의 파도는 수직으로 올라가 하늘까지 치솟아 완전히 하늘을 가릴 만큼 용솟음치는 경계에 까지 이른다.

4句를 보면 요새를 지키는 산상의 구름과 바람은 하늘로부터 곧장 내려와 땅에 인접하여 음침함으로 뒤덮어 놓는다.

파도와 바람과 구름의 기세가 맹위를 떨치고 있는 분위기이다. 3句와 4句는 강렬한 상하의 형상을 그려낸 대비구이다.

3句는 아래로부터 위로 상승하는 거친 파도의 격정적인 위력이요.

4句는 위로부터 아래로 내리 꽂히는 바람, 구름의 강렬한 위세이다. 그래서 세상은 위, 아래 보이지 않는 격동의 암흑세계이다.

2연 역시 '경'의 묘사이다. 그러나 '정'이 깊이 스며 있다. 치밀한 복선의 대립구조에서 '경'은 '정'으로 치달아 격렬하고 강렬한 작가의 감정적 표현임을 알 수 있다.

화면을 가득 채우는 3, 4句는 범인이 흉내낼 수 없는 대가의 표현이라 자고로 그 웅장한 정경융합의 내재적 경계에 경탄을 금하지 못한다.

암울한 나라의 분위기, 가슴속의 울분, 인간적인 좌절과 번뇌, 허무, 참담함, 절망감, 그리고 상실감과 불안감이 복합되어 있는 형상의 이 두 구의 의경(意境)이 심원하면서도 비장미(悲壯美)의 극치를 이룬다.

　전반부의 운용수법이 장려하고 웅장했던 것은 그 이면에 시인의 조국인 장안의 화려하고 번성했던 지난날과 시인의 하늘을 치솟던 젊은 날의 흥분이 그 만큼 크게 내재정신으로 살아 작동하며 용솟음쳤기 때문이리라.

　격렬했던 감정은 후반부에 이르면서 절제된다.

　구도의 수법도 '정'을 우선하며 '경'이 따르도록 배려하고 있다. 원경에서 근경으로 돌아왔다. 근경을 묘사하며 격정에서 벗어나 한줄기 소망의 의지를 가진다.

　5구를 보자.

　국화 앞에서 시인은 이 곳 기주에 와 두 번째 맞이하는 가을임을 인식하고는 작년에도 장안과 고향에 살던 옛날 생각과 암울한 현실 때문에 눈물 흘렸던 일이 떠오른다. 또 똑같이 국화 앞에서 생각해봐도 역시나 덧붙여서 작년에 회상했던 생각까지 겹쳐져 떠오르니 배로 슬퍼져 더욱 눈물 흘릴 수밖에.

　시인은 고향을(나라까지 포괄하는 상징성을 가진다) 잊은 적이 없다.

　고향을 향한 마음 한줄기를 항상 외로운 배 한척에 연결시켜 매어 놔두었다는 묘사에서 항상 장안을 바라보는 우국정신과, 이는 또한 그를 살게 하는 소망의 강인한 생명줄인 것을 감지할 수 있다.

　7, 8구는 전련의 정적묘사에서 동적묘사로 전환한다.

　또 시각적 묘사를 바꾸어 청각적 묘사의 효과를 시도하면서 절망의 색채로부터 벗어나 점층적으로 상승하는 소생의 의지를 싹틔워 전환하는 형상의 의경(意境)을 연출하고 있다.

그러나 형상화 과정은 슬픔인지 기쁨인지, 숙명인지 개척인지, 체념인지 소망인지, 알듯 모를 듯한 묘한 뉘앙스를 주는 의경이다.

겨울옷을 준비하느라 칼·가위 놀림이 바빠지고 다듬이 방망이 소리가 높이 급하게 울리는 형상은 안정되지 못하고 소리 있어 더욱 적막한 여운일 수도 있어서 여전히 불안감이 떠도는 의식이다. 그러나 이들의 행위는 삶의 긍정적인 자세를 인정하는 것이고 새롭게 적응하는 변환의 의미이어서 새로움으로 변환할 때 인간의 초기적 심리는 그 과정에서 복합 양면성을 간직하기 때문에 둘 다 포용하며 함축적 여운을 남기기 위한 두보의 의도가 담긴 표현수법으로 볼 수도 있다. 한편으로 보면 두보의 활발하게 치솟는 고향을 향하는 간절하고도 급한 마음의 형상화일 수도 있다.

추 흥
秋 兴
qiū xīng

옥 로 조 상 풍 수 림
玉露凋伤枫树林
yù lù diāo shāng fēng shù lín

무 산 무 협 기 소 삼
巫山巫峡气萧森
wūshān wū xiá qì xiāo sēn

강 간 파 랑 겸 천 용
江间波浪兼天涌
jiāng jiān bō làng jiān tiān yǒng

새 상 풍 운 접 지 음
塞上风云接地阴
sāi shàng fēng yún jiē dì yīn

총 국 양 개 타 일 루
丛菊兩开他日淚
cóng jú liǎng kāi tā rì lèi

고 주 일 계 고 원 심
孤舟一繫故园心
gū zhōu yī xì gù yuán xīn

한 의 처 처 최 도 척
寒衣处处催刀尺
hán yī chù chù cuī dāo chǐ

백 제 성 고 급 모 침
白帝城高急暮砧
bái dì chéng gāo jí mù zhēn

(2) 秋浦[1]歌   추포의 노래

李 白

白髮三千丈[2]	삼천 장 흰 머리카락
緣[3]愁似個[4]長	수심 때문에 이처럼 길어졌으리…
不知明鏡裏	알 수 없구나! 거울 속 내 모습
何處得秋霜	어디서 이토록 가을 서리 맞았는지.

거성 두보를 따라 덩달아 무거워진 마음 달래며 가벼운 마음 갖고 이백의 시는 짧은 것으로부터 시작하자.

추포가는 모두 17수로 되어 있는데 이 시는 제15수에 해당하며 오언절구로 되어 있다. 이백의 기질과 가을 이미지를 찾아보기 위하여 이 시를 택한다.

이백은 대략 천보 12년(753년)경 안휘성 귀지현 서쪽 추포에서 세월을 보냈다. 추포는 장강 남쪽 해안가 마을로 이곳을 흐르고 있는 추포하(秋浦河)와 청계하(淸溪河)의 물은 맑고 깨끗하여 이백은 이곳을 좋아했다. 이백의 말을 빌면 추포는 늘상 가을 같고 사람을 우수에 젖게 만드는 곳이라고 추포가 1수의 제일성에서

---

1 秋浦 : 지금의 안휘성 귀지현(安徽省 貴池縣)에 위치. 당나라 때는 지주(池州)라고 함

2 三千丈 : 丈은 10척인데, 당나라 때에 1척은 약 30cm에 해당함. 삼천은 일정한 수치를 나타내는 것이 아니라 많은 수량을 나타내는 과장 표현 수법의 일종

3 緣 : = 因 때문에

4 似個 : 如此의 구어적인 표현으로 이와 같이, 이처럼

단호히 주장한다. 이미 54세로 만년에 이른 이백은 이후 불운의 연속으로 처참한 말년을 보내게 된다.

첫 구를 보자.

백발의 길이가 삼천장이라고 했다. 이백의 말을 곧이들으면 장은 10척이요 1척이 약 30cm이니까 약 9km이다. 이런 머리의 길이를 보았는가?

화를 내면 안 된다. 거짓말쟁이라고.

이는 시에서만 허용되는 과장용법이다. 그러나 누가 삼천장이라고 표현해 낼 배짱이 있는가. 이는 드물다. 이것이 이백의 기질이다. 과장묘사는 문학에서 낭만주의적 예술표현 수법으로 관통된다. 이는 격정의, 울분의 '자아' 형상을 만들어 놓기 위한 포석으로 감정이입의 강도를 나타낸 표현이다.

둘째 구를 보자.

원인이 밝혀졌다. 시름, 근심(愁) 때문이었다. 그 길이는 우수(愁)의 길이였다.

3, 4구를 보자.

모르겠다(不知), 어느 곳에서(何処)라는 시어의 어조는 격분해서 격앙된 심정의 토로이다. 사실 시인은 안다. 누구보다도 잘 안다. 그러나 구차하게 누가 언제 어떻게 그렇게 만들었다고 탓하지 않았기 때문에 우리는 추상적인 표현에서 그의 행적을 더듬어 그에게 무한한 동정심을 느끼며 삼천장의 근심에 고개를 끄덕이게 된다. 시에서 보다시피 기세등등하고 웅대한 기질의 큰 그릇인 시인은 그의 포부를 제대로 펴본 적이 없고 연속적으로 뜻이 좌절되었고, 몸은 이미 늙어 쇠약해졌으니, 흰머리로 거울 앞에 비쳐본 자신의 영상은 초췌하기 그지없었으리라.

 '백발삼천장'의 구는 후세에 많은 사람들이 크게 동감했으며 비분을 토로하는 명구로 길이 살아 있다.

 그러면 이백이 찾아낸 가을이라는 계절감의 이미지를 정리해 보자.

 가을은 백발(白发), 우수·시름(愁), 서리(秋霜)라는 시어로 집약되어 있다.

 이백이 찾아낸 가을의 색채는 흰색이다. 서리의 색이 흰색이고, 이백의 머리색도 흰색이라는 점에서 같은 색채를 공유하고 있는데 이는 곧 가을이미지의 색채로 채택되었다. 즉 백발은 가을서리와 같은 형상이고 이들의 이미지는 가을(秋)로 이어지고 곧바로 시름(愁)과 통하는 것으로 나타났다. 동의하는가?

추 포 가
秋浦歌
qiū pǔ gē

백 발 삼 천 장
白发三千丈
bái fà sān qiān zhàng

연 수 사 개 장
緣愁似个长
yuán chóu sì gè cháng

부 지 명 경 리
不知明镜里
bù zhī míng jìng lǐ

하 처 득 추 상
何处得秋霜
hé chù dé qiū shuāng

(3) 九月九日¹憶山東²兄弟　9월 9일 산동의 형제를 생각하며

王 維

獨在異鄉³爲異客⁴　홀로 타향에서 나그네 신세 되어
每逢佳節⁵倍⁶思親　매번 명절 때면 더 그리운 집 생각.
遙知兄弟登高⁷處　멀리서 아노니, 내 형제 높은 산에 오를 제
遍挿茱萸⁸少一人⁹　수유 꽂던 한사람 없어진 것을…

두보와 이백이 앞의 작품을 노년에 썼던 것과는 다르게 왕유는 다음 작품을 청년 시절에 읊었다. 두보와 이백이 만년에 썼

1　九月九日 : 重陽節. 이 날 높은 산에 올라 수유를 꽂고 국화주를 마시는 풍속이 있었다.
2　山東 : 이곳은 산동성이 아니고 섬서성 화산의 동쪽을 가리킨다. 당시 왕유는 장안에 있었으므로 자신을 중심 삼아 그의 고향인 산서성 포주(蒲州)를 산동이라고 표현함.
3　異鄉 : 타향
4　異客 : 타향살이 나그네
5　佳節 : 좋은 명절. 음력 9월 9일 중양절
6　倍 : 더욱더
7　登高 : 환경(桓景)이라는 사람이 기인 비장방(費長房)을 스승으로 모셨는데, 하루는 그에게서 이런 말을 들었다. 9월 9일에 집안에 큰 재앙이 닥쳐올 터이니 붉은 주머니에 수유를 가득 채워 팔에 걸고 높은 산에 올라가 국화주를 마시면 재앙을 면할 수 있을 것이라고 했다. 그는 이대로 시행하였다. 저녁에 집에 와보니 가축들이 모두 죽어 있었다 한다. 그래서 이후에 중양절이 되면 이런 풍습이 생기게 된 것이다.
8　茱萸 : 산수유
9　少一人 : 한 사람이 적다. 一人은 왕유를 가리킴.

던 가을이야기와는 다르게 젊은 날의 왕유는 가을을 어떻게 지내고 있었나 들여다보자.

칠언절구인 이 시는 왕유가 17세 때에 지은 것이다.

당시 왕유는 고향인 산서성을 떠나 공명의 푸른 꿈을 안고 장안성에 와 있었는데, 9월 9일 중양절을 맞이하여 고향의 형제들을 그리워하며 회포를 시로 읊고 있다.

전반부 1, 2구를 보자.

1구에서 장안이 타향임을 분명히 하고 있다.

혼자(獨), 타향(異鄕), 나그네(異客)의 표현이 땅, 풍토, 인정 등이 달라 어설프고 낯선 객지에 사는 모든 이의 홀로인 듯한 서글픈 감정을 유발하기에 충분히 강한 이미지를 창출하는 예술적 효과를 내고 있다.

2구로 가서 평상시에도 고향 아님을 절절히 체험하는 삶을 영위하는 작가는 명절을 맞아 고향과 가족 생각에 온통 휩싸인다. 부모와 고향을 떠나 타지에서 혼자 명절을 맞아 본 사람은 자연스럽게 공감하리라.

시상의 흐름이 매우 자연스럽다.

솟구치는 고향생각으로 격정에 휩싸여 있는 왕유를 상상할 수 있는데 그는 이 주체할 수 없는 젊은 혈기를 어떻게 처리할까 후반부가 궁금해진다.

3, 4구로 가자

멀리서 안다(遙知)로 출발한다. 오늘은 중양절, 늘상 고향에 있을 때에 가족이 해 왔듯이 오늘도 고향의 형제들은 수유를 꽂고 산에 오르리라. 그리고는 평시와 달리 이번에 빠지고 없는 형인 나를 생각하며 슬퍼하리라. 한 가족이 모두 모이지 못하는 안타까움에서… 나는 안다. 가족이 비록 멀리 떨어져 있어도 사랑으로 연결되어 있는 것을.

왕유의 후반부 시상 흐름의 처리는 전반부의 격정을 누그러뜨려 억제하고 완전히 자제된 심상의 평정을 되찾고 숙연하게 심원한 가족애를 부각시키고 있다. 시적여운을 남기면서. 시상의 전개방식에서 우리는 왕유의 개성을 반영한 시의 처리 방식을 읽을 수 있다.

젊은 날의 시인 왕유가 맞이하는 가을 노래는 인생의 성숙기를 지나 만년에 인생을 통찰하며 우수에 차 있던 이백이나 두보의 가을 느낌과는 완연히 다르다.

젊은 시인은 보통 청년과 같이 자연과 인생의 가을을 관조하기 보다는 가족의 테두리에서 생활의 끈에 더 큰 영향을 받고 있음을 알 수 있었다.

구 월 구 일 억 산 동 형 제
九月九日忆山东兄弟
jiǔ yuè jiǔ rì yì shān dōng xiōng dì

독 재 이 향 위 이 객
独在异乡为异客
dú zài yì xiāng wéi yì kè

매 봉 가 절 배 사 친
每逢佳节倍思亲
měi féng jiā jié bèi sī qīn

요 지 형 제 등 고 처
遥知兄弟登高处
yáo zhī xiōng dì dēng gāo chù

편 삽 수 유 소 일 인
遍插茱萸少一人
biàn chā zhū yú shǎo yī rén

사색문제

가을의 이미지에 대하여 나도 한 마디

제5강

그대는
아리따운 여인인가?

이백은 웅대한 기상으로 하늘을 나는 신선인양 자연과 우주를 벗 삼아 훨훨 노닐어서 대범한 스케일의 주제를 남성적 어조로 웅장하게 울리는 시만 썼을 것이라고 생각하는 사람이 있다. 이백은 어쩌면 여성을 전혀 시적 대상으로 여기지 않았을 거고 연약한 여성의 섬세하고 미묘한 심리쯤이야 너무 작아서 그의 스타일에 맞지 않아 쳐다보지도 않았을 거라는 편견을 가질지도 모른다. 이런 사람들을 위하여 이 강의 시를 소개한다.

　이백이 여성을 소재로 하여 어떠한 여성상을 그려 놓았는지 다음의 네 수를 보자.

　앞의 두 수는 규원시(閨怨詩)에 해당한다. 규원시는 남편과 이별하고 있는 아내가 남편을 상대로 원한 내지는 원망을 읊은 시를 말한다.

　뒷부분의 두 수는 신혼의 젊은 아내가 집을 떠난 남편을 향하여 자신의 심정을 읊고 있다. 부부사이의 애정을 통하여 당대 사회에 있어서 평민들의 생활과 애정 양식을 엿볼 수 있을 것이다.

(1) 春思　　봄날의 시름

李 白

燕¹草如碧絲²	연나라의 풀잎 파아란 실낱같이 돋아날 때에
秦³桑低綠枝⁴	이곳 진의 뽕나무는 녹색가지 휘었어요.
當君懷歸日	당신이 돌아올 생각 품는 날
是妾斷腸⁵時	저의 애간장은 끊어집니다.
春風不相識	봄바람은 내가 알지 못하거늘
何事入羅帷⁶	어언 일로 비단 휘장 넘보는지요.

　이 시는 글자를 세어보니 오언시이다. 맞다. 그런데 여섯 구로 되어 있다. 4구의 절구도 아니요, 8구의 율시도 아니다. 이렇게 근체시의 규격인 절구나 율시의 엄격한 율을 어기고 자기 마음 내키는 대로 쓰는 시를 고시(古詩), 혹은 고체시(古體詩)라고 부른다. 즉 이 시는 오언고시라고 말한다.

1　燕 : 지명. 지금의 하북(河北)지역을 말한다. 唐 때는 북쪽 변방의 요지이다. 하북지역은 날씨가 추워서 초목이 늦게 싹튼다. 시 중에 남편이 있는 곳.
2　碧絲 : 푸른 실. 하북 지방의 기온이 낮아 초목의 성장이 느리므로 이제야 파릇파릇 솟아 올라와, 남쪽 지방의 이미 우거진 풀들에 비해 상대적으로 가는 것을 실로 표현함.
3　秦 : 지금의 섬서(陝西)지역. 시 중에 아내가 있는 곳.
4　低綠枝 : 녹색 가지를 낮게 드리우다. 섬서 지방이 따뜻하기 때문에 뽕나무 잎이 빨리 자라서 이미 가지가 무성하게 늘어져 있는 것을 말함.
5　斷腸 : 몹시 애끓는 심정을 형용.
6　入羅帷 : 비단 휘장 안으로 불어오다.

1, 2구를 보자.

남편이 군대에가 북쪽 변방인 연 지역에 있는 나무가 싹이 파릇파릇 돋기 시작할 때는 내가 있는 장안 근처 진 지역의 뽕나무 잎은 이미 녹음이 짙어 가지가 휘어질 정도에 해당한다고 시중의 여인은 읊조린다.

무슨 상관인가?

상관없다. 다만 상대적으로 진은 연보다 남쪽이니까 좀 더 봄이 일찍 왔나 보다 하고 이백의 계절적 통찰만 그런대로 인정할 뿐이지 시의(時意)가 잡히지 않는다.

그렇게 두고 3, 4구로 내려가 보자.

당신이 '아! 이제 집에 돌아가야지' 생각 차릴 때쯤이면 아내인 나는 창자가 끊어질 듯 애간장이 타 지쳐 있을 때라고 호소하고 있다.

이쯤에서 감이 잡혀야 한다.

1구 연 → 실낱같은

2구 진 → 아름드리 가지

3구 당신 → 싹트는 생각

4구 나 → 애간장이 타는 마음.

1, 3구는 막 출발의 시점이고 2, 4구는 무르익고 가득차서 무게가 넘치는 시점이다.

무엇을 뜻하는가?

제목을 보자. 봄 시름(春思)이 주제이다.

춘(春)자는 쌍관의(雙關意)의 글자이다. 봄의 뜻도 있고 청춘의 뜻도 있는 시어이다.

여기에서 이백이 택한 시의 전개방식은 치밀한 복선적 구성이었음을 알 수 있다.

1, 2구의 제시는 제3, 4구의 뜻을 연상시키기 위한 목적을 갖고 있으며 이를 강조하기 위해 비유적 수법으로 처리하고 있다.

이와 같은 시 창작방법을 흥(興)의 작법(作法)이라고 한다. 먼저 경물을 묘사하고 뒤에 정사(情事)를 놓아 흥을 일으키는 것이다. 이는 최초의 중국문학인 시경에서 출발한 시의 형식이다.

시의 '六義' 중 시 창작 체제를 언급하고 있는 부분인 부·비·흥 수법 중 '興'에 해당하는 이 작법은 4구에서 주제의 뜻이 집약되어 있다. 즉 나의 창자가 끊어진다는 표현은 봄 시름이 최상의 극에 차 있다는 흥취를 묘사한 것이다.

소식이 끊긴 사람을 홀로 애타게 그리워 해 본적이 있는가?

그렇다면 이해가 수월해질 것이다.

5, 6구를 보자.

소재는 봄바람(春風)과 비단휘장(羅帷) 그리고 나이다.

시의 구성은 춘풍, 여인, 그리고 침실로 이어지면서 전개되고 있다.

자연스러운 구성이다.

여성은 자고로 봄과 관계가 깊다.

사계절 중에 봄에 약하고, 봄바람에 들뜬다. 심하면 열병을 앓기도 한다. 젊은 여인이 봄을 품는 것은 자연 현상인 양 사회적 통념이 되었고 문학은 이 봄 여자를 소재나 주제로 하여 많은 희·비극을 연출해낸다.

이미 중국에선 진(晉) 때의 민요에 '다정한 봄바람, 내 치맛자락 불어 와 헤치네'라고 공히 노래했었다.

5, 6구를 잘 보자.

여인은 말한다. 나는 봄바람을 모른다. 그런데 봄바람은 침실 휘장 안으로 어찌 들어오는가라고.

긍정적으로 보자

선량한 아낙은 한 남자만을 사랑하고 정절을 지키면서 모든 유혹을 단호히 막아내며 일편단심 남자가 돌아오기를 우아하게 기다리고 있다.

즉 이백은 애정에 충실한 여성의 자화상을 그렸다.

토를 단다면 도덕이 문란한 사회를 바로 잡아야 하는 것이 이제나 저제나 바람직한 사회상이니까.

부정적으로 본다면?

바람아! 바람아! 어쩌란 말이냐. 속이 타다 내려앉았건만 무너져선 안 된다, 안 된다 되뇌이면서 안간힘 쓰며 손을 내젓는 모습까지만 이백이 보여주고 있다.

이 여인은 정숙한 여인이라고 단정적으로 말할 수 있을까? 심상의 제시 방법이 독특하여 이중적 추측이 가능하다.

이것이 이백의 눈에 비친 여인상이다. 복잡한 여성심리를 예리한 통찰력으로 관통하여 교묘한 필치로 묘사해냈다.

무너져 내렸을까? 아니면?

여전히 고아한 자태로 아리따울까? 눈물겹도록.

춘 사
春思
chūn sī

연 초 여 벽 사
燕草如碧丝
yàn cǎo rú bì sī

진 상 저 록 지
秦桑低绿枝
qín sāng dī lǜ zhī

당 군 회 귀 일
当君怀歸日
dāng jūn huái guī rì

시 첩 단 장 시
是妾断肠时
shì qiè duàn cháng shí

춘 풍 불 상 식
春风不相识
chūn fēng bù xiāng shí

하 사 입 라 유
何事入羅帷
hé shì rù luó wéi

(2) 玉階怨[1]　　옥계의 원망

李白

玉階生白露	옥섬돌에 흰 이슬 돋더니
夜久侵羅襪[2]	밤 깊자 비단 버선 적시네.
却下[3]水晶簾[4]	들어와 수정 발 내리고서
玲瓏[5]望秋月	영롱한 가을 달 바라보네.

본래 옥계원이란 악부 제목으로서 각 지방의 속악(俗樂)인 상화가사(相和歌辭)의 초조곡(楚調曲)에 속하며 "첩여원(婕妤怨)", "장신원(長信怨)" 등과 같이 분통할지언정 성내지 않는 궁녀의 마음을 묘사한 악곡으로서 사랑의 기쁨보다는 봉건 제도 밑에서 속박 당하는 비극적 애정에 관한 여성의 노래이다.

이 시는 전체가 오언절구이니 간단하기 그지없다.

그러나 1구에서 4구까지 좀 더 친절히 설명한다면,

달빛도 휘황한 어느 싸늘한 가을 밤, 고요히 정막은 흐르는데, 어떤 베일에 싸인 여인이 하얀 이슬이 맺혀있는 옥 계단 앞에

---

1 玉階怨 : '玉階'는 궁궐 안이나 부귀한 집의 섬돌을 뜻한다. 중국의 대부분의 건물은 흙으로 지면을 돋운 후 그 위에다 지으므로, 지면으로부터 몇 개의 층계가 있는데 이것을 '階'라고 한다. 옥계원은 옥계에 서서 기다리는 여인의 슬픈 원망.

2 羅襪 : 비단 버선.

3 下 : 내리다.

4 水晶簾 : 수정 혹은 유리로 만든 주렴.

5 玲瓏 : 달의 공명한 모습. 맑고 밝은 모양. 투명하게 빛나는 모양.

서서 밤 깊도록 홀로 서성이고 있었다. 얼마를 지났을까 밤이 매우 깊어지자 찬 서리에 비단 버선이 젖어온다.

한기를 느껴 이 신비의 말 없는 여인은 방으로 들어와 침실의 수정발을 내렸다. 잠자리에 들려는데, 이게 웬일! 수정발을 뚫고 들어오는 영롱한 달빛, 이 여인은 창문으로 비추이는 영롱한 가을 달을 물끄러미 바라볼 뿐, 밤은 또 깊어만 간다.

이렇게 시는 끝난다.

자! 이제 곰곰이 구성과 전개의 특징을 분석해 보자.

먼저 소재를 짚어보면 옥계단, 흰 이슬, 비단버선, 수정발, 가을달 다섯 가지로 구성되어 있다.

소재들의 이미지는 한결같이 차가운 형상이다. 계절과 物과 色이 맑고, 차고 투명한데다가 배경의 장소는 궁궐이나 부귀한 집의 모습이요 여인이 입은 옷은 최상의 의복이니 소재가 내뿜는 정서는 찬란함과 고아함으로 분위기를 제압한다.

시의 주인공은 말을 하지 않고 행위만 나타내고 있어서 긴장감과 호기심이, 그리고 신비감이 더해지고 있는데 화자가 시의 주인공인 대상을 일정한 거리에서 관찰하며 그의 흐트러지지 않는 우아한 긍지의 자태를 냉정하고 담담한 어조로 읊고 있는 듯한 감을 받는다.

네 구 어디를 찾아보아도 이 여인의 심리를 나타내는 단어는 없다.

그러면 주제는 무엇인가?

다만 제목에서 밝히고 있어서 원망(怨)이 주제임을 알 수 있다.

우리는 원망에 얽힌 시 임을 항상 머리에 간직하고 시를 읽어 내려가야만 한다.

싸늘하고 고요하고 찬란한 밤의 정적 가운데에 간결하게 처리한 절제되고 압축된 여인의 행동 속에서 흰빛 서리처럼 차갑게 솟아오르는 한 줄기 원망에 찬 심리의 경계를 멀리 바라다보아야 할 것이다.

이백은 여성의 섬세한 심리적 추이를 독자의 '추측'에 맡기는 전개과정의 방법을 채택하여 간결한 시어로 원한의 주제를 처리하고 있다. 그러나 압축된 함축미로 인하여 말하지 않았으나 뜻은 무궁하게 펼쳐지고 있다.

이백은 상상은 자유이니까 그 여운의 경계는 독자여! '각자 알아서 자기 역량대로 마음껏 풍류를 즐기면 되잖아.'라고 슬쩍 꼬리를 뺀다.

그래서 시는 즐기는 자가 즐거울 수밖에 없을 것이다.

1구에서 4구에 이르는 심리의 추이현상은 명백히 다르다.

이를 밝히는 데 시간을 할애해보자. 감상에서 역량을 발휘하자.

예를 들어 3구에서 수정발을 내리는 행위의 심리는 무엇일까?

4구에서 자려고 침상에 누웠는데 잠 못 들고 또 영롱하게 찾아오는 달빛의 시적 역할은 무엇일까?

달이여! 위로하러 왔는가? 여인은 냉소적일까? 어떤 심리가 전개될까?

달은 말이 없다. 사람도 말이 없다.

옥 계 원
玉阶怨
yù jiē yuàn

옥 계 생 백 로
玉阶生白露
yù jiē shēng bái lù

야 구 침 라 말
夜久侵罗袜
yè jiǔ qīn luó wà

각 하 수 정 렴
却下水晶帘
què xià shuǐ jīng lián

영 롱 망 추 월
玲珑望秋月
líng lóng wàng qiū yuè

제6강

젊은 여인들의
사무치는 독백

다음 소개하는 〈젊은 여인들의 사무치는 독백〉이란 타이틀 안에는 두보와 이백의 시 두 수가 있다.

두보의 신혼별(新婚別)과 이백의 장간행(長干行)이다.

신혼별은 결혼한 다음날 출정하는 남편과 이별하는 신부가 독백형식으로 비극을 읊고 있는 작품이다. 두보의 사상성과 예술성이 한 여성의 입을 빌려 녹아 있는 작품이다.

장간행은 남경의 장간에 사는 장사꾼의 아내가 머나먼 사천 지방으로 행상나간 남편에 대한 사랑과 그리움을 독백 술회한 시이다. 주인공 여성의 심리묘사가 당 시대의 생활상과 조화를 이루며 엮어져 있다.

여러분들이 당 시대의 사회상과 여성을 이해하는 데에 유익한 좋은 자료가 될 것이다.

참 재미있는 고차원의 방법으로.

그런데 고시와 악부시의 형식으로 짜여 있어서 너무나 긴 것이 좀 인내심을 요한다고 할까?

그러나 연속극 보는 듯 다음 행이 기다려져 금세 주인공과 친구가 될 것이다.

(1) 新婚別   신혼의 이별

杜甫

兎絲[1]附蓬麻[2]	토사 뺑대 쑥에 붙어사니
引[3]蔓故[4]不長	덩굴 얽혀 자라지 못하네.
嫁女與征夫[5]	전쟁 나갈 사내에게 시집가는 건
不如棄路傍	길가에 버려짐만 못한 것을….
結髮[6]爲君妻	머리 묶고 아내가 되었건만
席不暖君床	그대 침상 덥힐 새도 없군요.
暮婚晨告別	저녁에 혼인하고 새벽에 이별이라니
無乃[7]太怱忙[8]	어찌 이렇게 바빠야 하는 건가요.
君行雖不遠	그대 가시는 길 비록 멀지 않다고는 하나
守邊赴河陽[9]	변방 수자리 하양(河陽)으로 떠나갔네.

---

1 兎絲 : 일년생 기생초. 실 같은 줄기로 다른 나무에 붙어서 생장한다. 흔히 출가한 여자를 비유.
2 附蓬麻 : 뺑대쑥에 붙다. 봉마는 엉거시과에 속하는 다년생풀로서 키는 약 1m가량밖에 더 자라지 않음. 산이나 들에 절로 나는 풀이다. 좋은 사람에게 시집가지 못하여, 잘 의지하고 살 수 없음을 비유.
3 引 : 신장하다.
4 故 : 당연히, 처음부터, 원래 '固'와 같다.
5 征夫 : 출정하는 지아비
6 結髮 : 머리를 묶다. 고대의 예제에 의하면 여자 나이 15세가 되면 머리를 묶고 비녀를 꽂아 성인이 되었다.
7 無乃 : 추측이나 완곡한 판단을 나타내는 반어적인 표현.
8 怱忙 : 다급하다
9 河陽 : 하남성(河南省) 맹현(孟縣)

妾身未分明[10]	저의 신분 아직도 분명치 않은데
何以拜姑嫜[11]	어찌 시부모님 뵈어야 할까요.
父母養我時	부모님 나를 기르실 때에
日夜令我藏[12]	낮밤 집안에 고이 감춰 놓으시고는,
生女有所歸	딸을 낳으면 의당 돌아갈 곳 있으니
鷄狗亦得將[13]	닭과 개도 받들라 훈육하셨네.
君今往死地	그대, 지금 전쟁터로 떠나고
沉痛迫中腸[14]	침통함이 뼈 속 깊이 저려오네요.
誓欲[15]隨君去	기어이 그대 따라 가고팠으나
形勢反蒼黃[16]	형세 오히려 어지러트릴 뿐이겠지요.
勿爲新婚念	신혼생각일랑 아예 접어두시고
努力事戎行[17]	애써 나랏일 섬기도록 힘쓰세요.
婦人在軍中	젊은 아내 군중에서 함께 한다면
兵氣恐不揚	병사들 사기 드날리지 못 할 거예요.

---

10 妾身未分明 : 고대의 예제에 의하면, 신부는 시집온 사흘 뒤에 가묘와 조상의 산소를 찾아 혼인한 사실을 알린다. 그래야 비로소 성혼이 된다. 그런데 시 속의 주인공은 아직 성혼하지 않았는데 남편이 떠나게 되어 시집에서의 신분이 분명하지 못하게 된 것이다.

11 姑嫜 : 시어머니와 시아버지

12 藏 : 외출하지 않는 것. 옛날에 부도(婦道)는, 시집가기 전 여성은 규방에 숨겨 놓고 바깥외출을 하지 못하게 하였다.

13 將 : 거느리다. 시집의 법도를 따라 개나 닭조차도 잘 받들라는 것.

14 迫中腸 : 창자를 누른다. 창자 속까지 아픔이 밀어 닥친다.

15 誓欲 : 꼭~하고 싶다.

16 蒼黃 := 倉惶. 어수선하고 혼란스럽다. 불편함이 많은 것.

17 戎行 : 군대의 대오, 군대

自嗟貧家女	아 아! 가난한 집의 딸로 태어나
久致羅襦裳[18]	오랜만에 비단 옷 장만했는데…
羅襦不復施	비단 옷 다시는 입지 않으리
對君洗紅粧	그대 위한 고운 화장 다 지워냅니다.
仰視百鳥飛	고개 들어 온갖 새들 나는 것 쳐다보니
大小必雙翔	크건 작건 반드시 쌍쌍이 나네요.
人事多錯迕[19]	인간사 어그러짐 많고 많아도
與君永相望[20]	그대와 영원토록 함께 할 거예요.

---

18 羅襦裳 : 얇은 비단으로 만든 소매 없는 웃옷과 치마.
19 錯迕 : 사람의 뜻대로 되지 않음.
20 相望 : 서로 생각하는 것. 남편에 대한 굳건한 다짐.

신혼별
新婚别
xīn hūn bié

토사부봉마
兔丝附蓬麻
tù sī fù péng má

인만고부장
引蔓故不长
yǐn wàn gù bù cháng

가녀여정부
嫁女与征夫
jià nǚ yǔ zhēng fū

불여기노방
不如弃路傍
bù rú qì lù bàng

결발위군처
结发为君妻
jié fà wèi jūn qī

석불난군상
席不煖君床
xí bù nuǎn jūn chuáng

모혼신고별
暮婚晨告别
mù hūn chén gào bié

무내태총망
无乃太匆忙
wú nǎi tài cōng máng

군행수불원
君行虽不远
jūn xíng suī bù yuǎn

수변부하양
守边赴河阳
shǒu biān fù hé yáng

첩신미분명
妾身未分明
qiè shēn wèi fēn míng

하이배고장
何以拜姑嫜
hé yǐ bài gū zhāng

부모양아시
父母养我时
fù mǔ yǎng wǒ shí

일야영아장
日夜令我藏
rìyè lìng wǒ cáng

생녀유소귀
生女有所归
shēng nǚ yǒu suǒ guī

계구역득장
鷄狗亦得将
jī gǒu yì dé jiāng

군금왕사지
君今往死地
jūn jīn wǎng sǐ dì

침 통 박 중 장
沉痛迫中肠
chén tòng pò zhōng cháng

서 욕 수 군 거
誓欲随君去
shì yù suí jūn qù

형 세 반 창 황
形势反苍黄
xíng shì fǎn cāng huáng

물 위 신 혼 념
勿为新婚念
wù wèi xīn hūn niàn

노 력 사 융 행
努力事戎行
nǔ lì shì róng xíng

부 인 재 군 중
妇人在军中
fù rén zài jūn zhōng

병 기 공 불 양
兵气恐不扬
bīng qì kǒng bù yáng

자 차 빈 가 녀
自嗟贫家女
zì jiē pín jiā nǔ

구 치 라 유 상
久致罗襦裳
jiǔ zhì luó rú cháng

라 유 불 부 시
罗襦不复施
luó rú bù fù shī

대 군 세 홍 장
对君洗红妆
duì jūn xǐ hóng zhuāng

앙 시 백 조 비
仰视百鸟飞
yǎng shì bǎi niǎo fēi

대 소 필 쌍 상
大小必双翔
dà xiǎo bì shuāng xiáng

인 사 다 착 오
人事多错迕
rén shì duō cuò wǔ

여 군 영 상 망
与君永相望
yǔ jūn yǒng xiāng wàng

(2) 長干¹行　　장간의 노래

李 白

妾髮初覆額²　제 머리 막 이마를 덮었을 때에
折花門前劇³　꽃 꺾어들고 문 앞에서 놀았었지요.
郎騎竹馬來　그대 죽마 타고 와서는
繞牀⁴弄靑梅　난간 돌며 청매로 장난쳤어요.
同居長干里　장간(長干) 마을에서 함께 자라나
兩小無嫌猜⁵　우린 어렸지만 싫어하지 않았지요.
十四爲君婦　열네 살, 당신의 아내가 되어
羞顔未嘗開　부끄러워 얼굴 펴 질 못 했네요.
低頭向暗壁　고개 숙여 어두운 벽 향하고는
千喚不一回　천 번 불러도 대답 한번 못했었지요.
十五始展眉⁶　열다섯 살, 비로소 양미간 펴고
願同塵與灰⁷　티끌과 재 되도록 우리 사랑 함께 하길 바랬었지요.
常存抱柱信⁸　언제나 신의를 간직했는데

---

1 長干 : 오늘날의 남경시(南京市)에 있었던 마을 이름으로 평민들이 사는 마을
2 覆額 : 이마를 덮다
3 劇 : 놀다, 장난하다
4 遶牀 : 우물의 난간을 돌다. 牀은 우물 난간
5 無嫌猜 : 실망하거나 꺼리는 것이 없다
6 展眉 : 양 눈썹을 쭉 펴고 웃음을 보여주는 모습을 형용한 말로서 얼굴을 들고 비로소 수줍음 없이 신랑을 쳐다보았다는 뜻
7 塵與灰 : 서로 떨어질 수 없는 관계를 비유

豈上望夫臺9	망부대에 오를 줄 누가 알았겠어요!
十六君遠行	열여섯 살, 그대 멀리 떠나가시니
瞿塘灩澦堆10	구당협, 염여퇴에 가로 막혀있군요.
五月不可觸	오월에는 부딪혀 갈 수 없다하니
猿聲天上哀	원숭이 애절한 울음소리 하늘 닿네요.
門前遲11行跡	문 앞 당신의 발자국 따라서
一一生綠苔	하나하나 푸른 이끼 돋아났어요.
苔深不能掃	이끼 짙어 쓸지도 못했는데
落葉秋風早	벌써 가을 바람불어와 낙엽지네요.
八月蝴蝶來	팔월인데 나비가 날아 와서는
雙飛西園草	서쪽 풀밭에서 쌍 지어 날고 있네요.
感此傷妾心	이 정경 보노라니 저의 마음 점점 상해들고
坐愁紅顏老	시름에 차 고운 얼굴 늙어 갑니다.
早晚下三巴12	언제라도 삼파에서 내려오실 때

---

8 抱柱信 : 莊子에 나오는 노나라 미생에 관한 고사이다. 미생이 한 여자와 다리 밑에서 약속했는데 여자는 안 오고 강물이 불었다. 그런데 미생은 약속한 곳을 떠나지 않고 끝내는 다리 기둥을 잡은 채 죽었다. 신의를 굳게 지키는 것을 비유.

9 望夫臺 : 어떤 여인이 높은 대에 올라 자기 남편 돌아오기를 기다리다 그 자리에서 돌로 변하였다고 하는 곳. 望夫石, 望夫山과 같은 뜻.

10 瞿塘灩澦堆 : 瞿塘은 사천성(四川省) 봉절현(奉節縣)에 있는 협곡으로 장강(長江) 삼협 가운데 하나다. 염여퇴는 瞿塘峽 입구에 있었던 큰 바위로 겨울에는 물 밖으로 드러나지만 여름에는 물에 잠겨 배들이 자주 난파되었다고 한다.

11 遲 : 舊의 뜻.

12 三巴 : 사천성(四川省) 동쪽의 파군(巴郡), (巴東), (巴西)를 말한다.

預將書報家　　미리 집에 편지 보내 알려 주세요.
相迎不道遠　　마중 맞는 길 멀다 하지 않고요
直至長風沙[13]　곧바로 장풍사로 달려갈게요.

---

13. 長風沙: 안휘성(安徽省) 안경시(安慶市) 장강가에 있는 수세가 아주 급한 곳. 남경과의 거리는 약 칠백 리에 해당하는 먼 곳이다.

장간행
长干行
cháng gān xíng

첩발초부액
妾髮初覆额
qiè fà chū fù é

절화문전극
折花门前剧
zhé huā mén qián jù

낭기죽마래
郎骑竹马来
láng qí zhú mǎ lái

요상농청매
绕牀弄青梅
rào chuáng nòng qīng méi

동거장간리
同居长干里
tóng jū cháng gān lǐ

양소무혐시
兩小无嫌猜
liǎng xiǎo wú xián cāi

십사위군부
十四为君妇
shí sì wéi jūn fù

수안미상개
羞颜未尝开
xiū yán wèi cháng kāi

저두향암벽
低头向暗壁
dī tóu xiàng àn bì

천환불일회
千唤不一回
qiān huàn bù yī huí

십오시전미
十五始展眉
shí wǔ shǐ zhǎn méi

원동진여회
愿同尘與灰
yuàn tóng chén yǔ huī

상존포주신
常存抱柱信
cháng cún bào zhù xìn

기상망부대
岂上望夫臺
qǐ shàng wàng fū tái

십육군원행
十六君远行
shí liù jūn yuǎn xíng

구당염여퇴
瞿塘灩澦堆
qú táng yán yù duī

오월불가촉
五月不可触
wǔ yuè bù kě chù

원 성 천 상 애
猿声天上哀
yuán shēng tiān shàng āi

문 전 지 행 적
门前迟行迹
mén qián chí xíng jì

일 일 생 록 태
一一生绿苔
yī yī shēng lǜ tái

태 심 불 능 소
苔深不能扫
tái shēn bù néng sǎo

낙 엽 추 풍 조
落叶秋风早
luò yè qiū fēng zǎo

팔 월 호 접 래
八月蝴蝶來
bā yuè hú dié lái

쌍 비 서 원 초
双飞西园草
shuāng fēi xī yuán cǎo

감 차 상 첩 심
感此伤妾心
gǎn cǐ shāng qiè xīn

좌 수 홍 안 노
坐愁红颜老
zuò chóu hóng yán lǎo

조 만 하 삼 파
早晚下三巴
zǎo wǎn xià sān bā

예 장 서 보 가
预将书报家
yù jiāng shū bào jiā

상 영 부 도 원
相迎不道远
xiāng yíng bù dào yuǎn

직 지 장 풍 사
直至长风沙
zhí zhì cháng fēng shā

제7강

술과 시인, 그리고 인생

이백과 두보는 술꾼이다.

흔히 이백에게는 술에 얽힌 황당한 고사가 너무 많아 두보는 적수가 되지 못할 것이라고 짐작한다. 하지만 두보 역시 자타가 공인한 주중선(酒中仙) 이백 못지않게 술을 좋아했다.

두보는 이미 14,5세 때에 술을 마신 경험을 시로 읊으면서 '감미로운 술에 취해 사방을 둘러보니 세상 만물은 한량없이 넓게 보였네.'라고 술을 찬미했으며, 늘그막에 말에서 떨어져 부상당했을 때에도 병문안 온 친구의 술병을 들고 술에 취해 병을 치유했을 정도로 술고래였다.

시로 보면, 현존하는 두보 시 약 1400여 수 가운데에 술을 언급한 시가 300여 수로 약 21%에 해당한다.

이백은 잃어버린 시가 상당수에 이르러 술에 관한 시도 덩달아 많이 소실되었겠지만 현존하는 1050수 중 술과 관련된 시가 170여 수로 16%에 해당한다.

이백과 두보가 잠시 같이 노닐 때에 의기투합하여 우정을 쌓은 것도 기실 '술'과 함께 했기 때문이었다.

이백과 두보, 이들은 목숨 걸고 술을 마셨고 광기에 가까운 술버릇은 죽을 때까지 계속되었다.

어쨌든 목숨보다 술을 우선한 이들의 생활이 위대한 예술을 창조한 밑거름이었으리라.

이 거대한 두 시인은 마음껏 임종 때까지 기회가 닿는 한 술을 마시며 즐겼으니 여한은 없었으리라.

두보가 세상을 하직하고 만 직접적 원인은 허기진 배에 쇠고

기와 독한 백주를 배불리 먹고 실컷 마시다가 그만 탈이 났기 때문이다. 그러면 이들은 왜 이처럼 술을 좋아했고 어째서 술 속에 빠졌을까?

그 답을 그들이 읊조린 시에서 찾아보도록 하자.

(1) 曲江[1]　　곡강에서

杜 甫

朝回日日典[2]春衣	조정에서 돌아오면 날마다 봄옷 잡혀서
每日江頭[3]盡醉歸	날마다 곡강에서 한껏 취해야 돌아오네.
酒債[4]尋常[5]行處有	술 빚이야 늘 상 가는 곳곳 있어도
人生七十古來稀	인생 칠십 살기는 예부터 드문 일이지.
穿[6]花蛺蝶[7]深深[8]見	꽃 속 나비는 깊은 곳에 숨었다 팔랑이고
點水[9]蜻蜓款款[10]飛	강물 스치는 잠자리 유유히 날고 있네.
傳語風光[11]共流轉[12]	풍광아! 내말 들어 함께 유전 하자꾸나
暫時相賞莫相違[13]	잠시라도 상춘의 이 기쁨을 깨뜨리지 말자고

---

1 曲江: 못 이름. 장안(長安)의 동남방에 있던 유람명승지, 한 무제가 만들었고 당 현종 때 보수한 인공호수임.
2 典: 전당잡히다
3 江頭: 곡강의 강기슭
4 酒債: 외상 술값
5 尋常: 평상시, 언제나
6 穿: 나비가 꽃 사이를 누비며 나는 것
7 蛺蝶: 호랑나비
8 深深: 보일 듯 말 듯 한 모습
9 點水: 물에 닿다. 잠자리가 물에 닿았다가 나는 모습
10 款款: 느릿느릿한 모습. 유유히 가볍게 나는 모습
11 風光: 봄빛을 두고 한 말
12 流轉: 유전하다. 배회하다는 뜻으로 풀이하기도 함
13 相違: 서로 어긋난다

〈곡강〉은 두보가 숙종 건원 원년인 758년 장안에서 모처럼 벼슬살이를 할 때 지었다.

모두 2首로 되어 있는데 이 수는 제 2수에 해당된다.

이 해에 두보는 좌습유(左拾遺)라는 임금님에게 간(諫)하는 종팔품(從八品) 직책에 있었다. 당시는 안녹산의 난이 계속되는 시기여서 정국이 여간 혼란한 것이 아니었다.

조정 역시 계파 간 알력이 심하였다.

두보는 '간' 하는 것이 직책인지라 직책을 충실히 수행한답시고 재상이었던 방관(房琯)이 열세에 몰리자 그를 두둔하는 상소문을 숙종에게 정성껏 올렸다.

있는 재주가 글재주이니까 실력을 발휘하여 충정을 다하여 숙종에게 격렬한 어조로 '간'했다.

누가 알았으랴!!

강한 언사의 상소문을 읽은 왕은 크게 분노하였고 이로 인해 미움을 사게 되었고 일이 성사되기는커녕 자기 직책마저 위기에 몰리는 상황에 빠져들었다.

두보는 이즈음 하루도 빠지지 않고 조정퇴근→곡강→음주→만취→귀가로 이어지는 생활을 반복했다.

이 시를 지은 지 2개월 남짓 지나 음력 6월 결국 두보는 강직되어 화주사공참군(華州司空參軍)이라는 원치 않는 명을 받고 눈물을 뿌리며 한 많고 설움 많은 장안을 떠나고 만다.

위험을 무릅쓰고 희망찬 報國 정신으로 가득 찼던 과거의 꿈을 접어버린 채……

시를 보자.

전반부 4구는 情을 후반부 4구는 景을 묘사하고 있다. 술에 취했는데도 시구의 배치에 균형감을 잃지 않고 있다.

우선 1, 2구를 보기 전에 이해를 돕기 위해 친절히 전편인 1수의 간추린 내용과 두보의 심정을 소개하면 다음과 같다.

「꽃잎 한 잎 떨어질 때 마다 봄은 그만큼 사라져 가고, 만 잎 꽃 휘날리면 큰 시름에 젖노라. 술 먹고, 둘러보니 안녹산의 난리로 삼림원(곡강)앞에 세워놨던 높은 무덤의 비석들은 다 누워 있구나. 술 또 먹고, 에헤라 즐겨야 마땅하거늘, 또 한잔 걸치고 하는 말 "이 부평초 같은 부귀영화에 왜 이 내 몸 얽혀 헤어나지 못할까? 말직이고 말직인 좌습유……"」

그는 또 한잔 걸치고 나서 곡강 2수로 들어간 것임에 틀림없다.

자! 1, 2구를 보자

간관(諫官)임에도 불구하고 매일 옷 전당잡혀서 술 마신다. 지금 입어야 마땅한 봄옷을 잡혔다는 것은 지난 겨울옷은 이미 벌써 전당 잡혔지 뭐가 대수냐이다.

2구를 보면 절제하며 분수에 맞게 마시는 게 아니다.

강 언덕 기슭이지만 다음 글자 盡(다할 진)자를 头(두)에 대비시켜 갖다 넣은 것 보면 처음부터 끝까지 완전히 푸욱 취한다는 뜻을 계산하고 세심히 글자를 배치했다.

3, 4구를 보자

두보의 배짱을 짐작케 한다. 물론 고뇌의 깊은 골에서 빠져나오려는 몸부림을 먼저 했겠지만, 그는 극복하고 있다. 그 과정을 그리고 있다.

 3구를 보면,

 술빚, 술빚, 가는 곳곳 없는 곳이 없이 쫙 깔려있다. 그러나 그게 뭐 그리 대단한 일이냐.

 4구에서 완전히 속세의 걱정을 잊기로 작정했다. 마음이 정돈되기 시작한다.

 왜냐?

 인생은 자고로 70살을 살지 못하잖아!

 그렇구나.

 '인생칠십고래희'는 두보가 한말이라고, 곡강에서 한말이라고 모르는 사람에게 이제부터 지식을 전하자. 우리는 지식인이니까.

 그건 그렇고, 정말 짧은 인생이란 걸 알면 속세의 자질구레한 일에 근심할 필요가 없다는 것이 두보의 새로운 그리고 번뜩이는 자각이다.

 후반부 4구의 곡강 경치를 보자.

 5, 6구에서 꽃과 나비, 강물과 물잠자리가 소재이다. 이들의 상태는 근심 걱정 없는 자연의 유희이다. 작은 미물이지만, 두보는 그런 자연의 아름다움에서 솟구치는 환희를 맛본다.

 7, 8구에서 두보는 이 순간이, 자연과 어우러지는 이 순간의 기쁨이 영원과 통하는 순수의 아름다움인 것을 깨닫는다. 그래서 이 환희의 순간에 머물고 싶은 것이다. 이들의 화합, 즉 순수한, 깨끗한 영혼들의 만남이 있는 자연의 합창 속에서 영원히 깨고 싶지 않은 것이다.

'이 맑은 순수의 세상이여 영원하라.'
　마음의 번뇌를 벗어나 승화된 평화를 찾아가는 두보의 외침이었다.

곡 강
曲江
qū jiāng

조 회 일 일 전 춘 의
朝回日日典春衣
cháo huí rì rì diǎn chūn yī

매 일 강 두 진 취 귀
每日江头尽醉归
měi rì jiāng tóu jìn zuì guī

주 채 심 상 행 처 유
酒债寻常行处有
jiǔ zhài xún cháng xíng chù yǒu

인 생 칠 십 고 래 희
人生七十古来稀
rén shēng qī shí gǔ lái xī

천 화 협 접 심 심 견
穿花蛱蝶深深见
chuān huā jiá dié shēn shēn jiàn

점 수 청 정 관 관 비
点水蜻蜓款款飞
diǎn shuǐ qīng tíng kuǎn kuǎn fēi

전 어 풍 광 공 유 전
传语风光共流转
chuán yǔ fēng guāng gòng liú zhuǎn

잠 시 상 상 막 상 위
暂时相赏莫相违
zàn shí xiāng shǎng mò xiāng wéi

(2) 將進酒[1]　　　　　술을 권하며

李 白

君不見, 黃河之水天上來	그대여 보지 못하였는가, 황하의 물 하늘에서 내려와
奔流[2]到海不復廻	바다로 흘러가면 다신 돌아오지 않는 것을.
君不見, 高堂[3]明鏡悲白髮	그대여 보지 못 하였는가 고대광실 맑은 거울 속 백발에 슬퍼하노니
朝如靑絲[4]暮成雪	아침에 검던 머리 저녁엔 흰 눈 덮인 것을.
人生得意[5]須盡歡	인생 뜻대로 풀릴 때엔 한없이 즐기고 즐겨야지
莫使金樽[6]空對月	금 술잔 비워들고 어찌 달빛 대하랴.
天生我材必有用	하늘이 낸 나의 재량 반드시 쓸모가 있을 테고
千金散盡[7]還復來	천금 다 쓴다 해도 돌고 돌아 다시 올 것을.

---

1 將進酒 : 원래는 漢악부, 鼓吹曲. 요가(鐃歌)의 곡조에 속하는 악부시의 제목이었다. 뜻은 권주가(勸酒歌) 즉, 술을 권하는 노래라는 뜻이다.
2 奔流 : 빠르게 흐르다
3 高堂 : 고대광실, 호화건물
4 靑絲 : 청은 黑에 가깝다. 검은 머리
5 得意 : 마음에 흡족한 때
6 金樽 : 술동이
7 散盡 : 모두 흩어지다. 쓰다

烹羊宰牛⁸且爲樂　　　양 삶고 소 잡으니 더 한층 즐거워라
會須⁹一飮三百杯　　　한번 마시면 삼백 잔은 마셔야지
岑夫子¹⁰, 丹丘生¹¹　　잠부자여, 단구생아
將進酒, 君莫停　　　　술을 권하노니 그대들 멈추어선
　　　　　　　　　　　안 되지.

與君歌一曲　　　　　　그대들에게 노래 한 곡조 뽑을 테니
請君爲我側耳聽¹²　　　나를 위해 귀 기울여 잘 들어 주시오.
鍾鼓¹³饌玉¹⁴不足貴　　종고풍악, 호화성찬 귀할 게 무어뇨.
但願長醉不願醒¹⁵　　　그저 길이 취하여 깨어나지 않기나
　　　　　　　　　　　바라면 그 뿐.

古來聖賢皆寂寞¹⁶　　　옛적 성현들 모두 사라져 버렸고
惟有飮者留其名¹⁷　　　오로지 술 잘 먹던 사람만 그 이름
　　　　　　　　　　　남기었노라.
陳王¹⁸昔日宴平樂¹⁹　　진사왕이 옛날 평락(平樂)에서

---

8 烹羊宰牛 : 양과 소를 잡아 삶다
9 會須 : 모름지기
10 岑夫子 : 잠삼(岑參)또는 잠훈(岑勛)이라고도 한다. '夫子'는 존칭이다
11 丹丘生 : 원단구(元丹丘)를 가리킴. '生'은 평칭이다. 두 사람 모두 이백과 절친한 사이이다
12 側耳聽 : 귀 기울여 듣다
13 鐘鼓 : 종을 치고 북을 치며 연주하는 음악. 부귀인의 집을 상징한다
14 饌玉 : 옥처럼 귀하고 깔끔한 밥상 차림
15 不用醒 : 술이 깨지 않게 하다
16 寂寞 : 쓸쓸하다. 돌아가다
17 留其名 : 그 명성이 남다
18 陳王 : 조조의 아들이며 조비의 동생인 조식(192~232). 진왕에 봉함을 받았고 시호가 思이므로 진사왕 이라고도 불림

	잔치할 적에
斗酒十千[20]恣歡謔[21]	술 한 말에 만전짜리 맘껏 마시고 흥겨워했거늘.
主人何爲言少錢	주인이여, 어찌 돈이 적다 말하는가?
徑須[22]沽取[23]對君酌	단숨에 술 사와 함께 마주보며 대작해야 마땅하리.
五花馬[24], 千金裘[25]	오화마, 천금구
呼兒將出[26]換美酒[27]	아이 불러 가져다 맛진 술과 바꿔 와서
與爾[28]同銷萬古愁	그대들 함께 만고에 쌓인 시름 다 녹여 보자구나!

---

19 平樂 : 낙양(洛陽)에 있는 平樂觀. 사안(謝安) 등 고급선비가 초대받았다.
20 斗酒十千 : 한 말의 술값이 천원의 열배나 되는, 즉 엄청나게 비싼 술
21 歡謔 : 즐거움. 환락
22 徑須 : 지금 바로 ~해야 한다
23 沽取 : 사오다 沽는 買의 뜻
24 五花馬 : 다섯 가지 털 무늬가 있는 명마. 또는 당대에 유행했던 말갈기의 장식. 세 가지 색깔이 있으면 삼화마, 다섯 가지 색깔이 있으면 오화마이다. 부귀의 상징이다.
25 千金裘 : 천금의 가치가 있는 귀중한 가죽 옷. 옛날에 맹상군(孟賞君)이 가지고 있던 흰 여우가죽 옷이 천금에 해당했다.
26 將出 : 가지고 가서
27 換美酒 : 술과 바꾸다
28 爾 : 2인칭 대명사로 너. 여기서는 잠부자, 단구생을 가리킨다.

이 작품은 이백의 널리 알려진 장진주(將進酒)이다.

이백이 술 마시는 이유와 그의 주도(酒道)가 구절마다 깔려있다. 이 시는 장안에서 부득이하게 관직을 버리고 궁중을 떠나게 된 이후의 작품으로써 사상적 내용이 깊고 예술적 표현이 성숙되어 있기 때문에 이백의 개성을 십분 발휘한 대표작품으로 꼽힌다.

이 작품 〈장진주〉는 천보11년(752년) 이백이 친구인 잠훈과 함께, 다른 친구인 원단구가 살고 있는 황하에서 멀지 않은 영양산(潁陽山)기슭 집에 손님으로 찾아갔다가 술에 푸욱 빠져서 지은 시이다.

시는 칠언을 위주로 하여 3자, 5자, 10자의 파행구로 이루어져 있다.

7언 고시 악부시라고 한다.

시의 첫 구에 장식한 君不見이란 말을 두 번 사용한 형식은 일반 악부시에서 시의 머리 부분에, 혹은 말미 부분에 사용하는 상투적 용어로써 시의 감정 색채를 강하게 증가시키고 싶을 때에 작가가 독자에게 호소하는 방식이다.

고시의 형태이니까 작자가 하고픈 말을 실컷 풀어 쓴 시이므로 긴 설명을 삼가기로 하고 대략적 흐름만 해설해 보기로 한다.

우선 君不見으로 이끈 1, 2구와 3, 4구를 보면 기세가 등등하다. 물론 술 마시는 이유이기도 하다.

공간과 시간을 대비로 하여 그의 웅장한 기세대로 큰문을 크게 활짝 열어 놓고 있다.

　세계의 지붕으로 일컬어지는 청장(青藏)고원에서 발원하는 황하는 하늘에서 내려오는 물로 늘 상 비유되는데 이는 동으로 흘러 흘러 넓고 넓은 거대한 공간의 중국내륙을 가로질러서 동쪽 바다에 한번 이르면 다시 돌아오지 않는다. 이를 아는 이상에 인생은 어떻게 해야 하나?

　~음~

　고대광실 거울 속에 비추인 어르신네의 모습을 보라!

　아침에 푸르던 머리가 저녁에 곧바로 흰 눈처럼 하얗게 변해 버렸겠다.

　아침은 저녁까지 얼마나 짧은 시간이냐?

　그래도 술 취했지만 색채의 대비를 했으렸다.

　이 짧은 인생! 아!

　그러면 인생은 어떻게 해야 하나?

　음~~~ 술을 마셔야지. 당연히.

　이백의 위풍당당한 이유였다.

　다음은 간단한 문답식으로 물어보자.

　문 : 득의의 순간이 있으면 어떡해야 하나요?

　답 : 달빛 보며 철철 넘치는 잔을 들어 끝없이 한없이 즐거움에 머물지어다.

　문 : 돈과 재능은요?

답 : 돈은 탕진해도 또 다시 찾아와 나한테.
　　내 재능은 하늘이 낸 재능인데 꼭 쓰이구 말구.

문 : 얼마나 마시면 좋아요?
답 : 한 번에 삼백 잔은 마셔야지.

문 : 고관대작의 부귀와 사치 생활이란 부러운 건가요?
답 : 아니!

문 : 그러믄요?
답 : 흠뻑 취해서 안 깨는 게 제일이야!

문 : 성현만이 길이 이름이 남나요?
답 : 쓸데없어! 외로울 뿐이지. 오직 술꾼만 길이길이 이름남아 기억될 뿐이야.

문 : 돈이 없는데 술 먹는 방법 좀…
답 : 깊은 장롱 속 뒤져봐. 검은 호구 꺼내오구. 귀중품 있다구? 좋지.
　　바꿔 바꿔 수우울로!

문 : 너무 취하신 것 같은데…
답 : 아암 취해야지. 취해야 하구 말구. 안 깨어나면 제일 좋아!

문 : 왜냐구요?

답 : 만고의 시름. 만년을 두고 내려온 인간 업보의 근심, 고뇌, 우수…
잊어야 하잖아. 잊어야지. 잊어야지. 아암 잊어야 말구.

이백은 차라리 절규에 가깝다.
마지막 단어 '萬古愁'는 그 호방하고 위풍당당하게 들이키는 강세만큼 내면의 세계로 곡절하강한다. 비애에 가득차서……
쇼펜하우어는 '인생은 비극이다'라고 정의 했고, 청말 민국초의 학자요 문인인 왕국유(王國維) 역시 단호히 말했다. 인생은 비극이라고…
인생이 기쁠 수 있는 것은 행운이란다. 순간이란다.
그러나 이백은 인간이 갖는 비애에 굴하지 않는다. 결코 쓰러지지 않는다. 울분과 우수를 밟고 일어서는 자아의 자신감을 함께 가지고 있다.
그러므로 최상의 호화로운 인생을 주관하는 잔치를 벌인다.
그 기세와 역량은 과장수법과 숫자에서도 나타난다.
천금(千金), 삼백주(三百酒), 두주십천(斗酒十千), 천금구(千金裘), 만고추(萬古愁) 등을 보라.
그러나 앞의 큰 무게와 큰 값은 만고추를 해소하기에 부족한 액수이다.
광적인 비분과 격정을 마음속에 새기며 호화로운 술잔치로 독자를 초대하는 이백의 비범함에 좋아라 쫓아 웃다가 한 순간에 인간이 숙명적으로 떠안고 있는 고독과 비애를 끄집어내 조용하고 침착한 종말로 대미를 장식할 줄 아는 그의 詩才에 깜짝 한 대 맞았으리라…….

장진주
将进酒
jiāng jìn jiǔ

군불견황하지수천상래
君不见黄河之水天上来
jūn bù jiàn huáng hé zhī shuǐ tiān shàng lái

분류도해불부회
奔流到海不復回
bēn liú dào hǎi bù fù huí

군불견고당명경비백발
君不见高堂明镜悲白髮
jūn bù jiàn gāo táng míng jìng bēi bái fà

조여청사모성설
朝如青丝暮成雪
zhāo rú qīng sī mù chéng xuě

인생득의수진환
人生得意须尽欢
rén shēng dé yì xū jìn huān

막사금준공대월
莫使金樽空对月
mò shǐ jīn zūn kōng duì yuè

천생아재필유용
天生我材必有用
tiān shēng wǒ cái bì yǒu yòng

천금산진환부래
千金散尽还復來
qiān jīn sǎn jìn huán fù lái

제7강 술과 시인, 그리고 인생 115

팽 양 재 우 차 위 락
烹羊宰牛且为樂
pēng yáng zǎi niú qiě wéi lè

회 수 일 음 삼 백 배
会须一飲三百杯
huì xū yī yǐn sān bǎi bēi

잠 부 자,   단 구 생
岑夫子，丹丘生
cén fū zǐ, dān qiū shēng

장 진 주,   군 막 정
将进酒，君莫停
jiāng jìn jiǔ, jūn mò tíng

여 군 가 일 곡
与君歌一曲
yǔ jūn gē yī qǔ

청 군 위 아 측 이 청
请君为我侧耳听
qǐng jūn wèi wǒ cè ěr tīng

종 고 찬 옥 부 족 귀
锺鼓馔玉不足贵
zhōng gǔ zhuàn yù bù zú guì

단 원 장 취 불 원 성
但愿长醉不愿醒
dàn yuàn cháng zuì bù yuàn xǐng

고 래 성 현 개 적 막
古來圣贤皆寂寞
gǔ lái shèng xián jiē jì mò

유유음자유기명
惟有飮者留其名
wéi yǒu yǐn zhě liú qí míng

진왕석시연평락
陈王昔时宴平乐
chén wáng xī shí yàn píng lè

두주십천자환학
斗酒十千恣欢谑
dǒu jiǔ shí qiān zì huān xuè

주인하위언소전
主人何为言少钱
zhǔ rén hé wéi yán shǎo qián

경수고취대군작
径须沽取对君酌
jìng xū gū qǔ duì jūn zhuó

오화마, 천금구
五花马，千金裘
wǔ huā mǎ, qiān jīn qiú

호아장출환미주
呼儿将出换美酒
hū ér jiāng chū huàn měi jiǔ

여이동소만고수
与尔同销万古愁
yǔ ěr tóng xiāo wàn gǔ chóu

(3) 戴老酒店　　　　대노인의 술집

李 白

戴老[1]黃泉[2]下	대노인 황천 에서도
還應釀大春[3]	응당 대춘 술 빚고 있으리.
夜臺[4]無李白	저승엔 이백 없으니
沽酒與何人	누구에게 술을 팔 것인고?

이 시는 이백의 인간성을 보여주려고 소개하는 작품으로 대(戴)라는 성을 가진 양조장 노인이 죽은 것을 애도한 시이니, 가벼운 마음으로 읽자.

대 노인은 황천에서도 틀림없이 또 그가 자랑하는 명주인 대춘 술을 또 빚고 있을 것이다. 그러나 저승에는 이백이 없다. 진정한 술꾼인 이백이 없는데 도대체 그 술을 누구에게 팔고 있을 것인지 … 외롭겠지 홀로…

노인의 죽음을 슬퍼하는 이백의 따뜻한 마음이 전달된다. 어느 골목길 앞에 취하여 홀로 쭈그려 앉아 황천에서 나 없어서 외로울 대 노인을 그리며 안타까워 울고 있었으리라.

---

1 戴老 : 대씨 성의 양조장 노인
2 黃泉 : 저승
3 大春 : 술이름. 당대의 명주
4 夜臺 : 묘, 저승

대 노 주 점
戴老酒店
dài lǎo jiǔ diàn

대 노 황 천 하
戴老黄泉下
dài lǎo huáng quán xià

환 응 양 대 춘
还应酿大春
hái yīng niàng dà chūn

야 대 무 이 백
夜台无李白
yè tái wú lǐ bái

고 주 여 하 인
沽酒与何人
gū jiǔ yǔ hé rén

(4) 春日醉起言志   봄날 취했다가 일어나 느꼈노라

李 白

處世¹若大夢	세상살이란 커다란 꿈과 같거늘
胡爲勞其生	어찌하여 그 삶을 수고로이 할까나.
所以終日醉	그리하여 종일 술 취하노니
頹然²臥前楹	취해 쓰러져 기둥 앞에 누워버렸네.
覺來眄庭前	깨어나니 흘긋 보이는 뜰 앞.
一鳥花間鳴	새 한 마리 꽃 속에서 울고 있네.
借問³此何時	묻노니, 지금이 무슨 때인고?
春風語流鶯	봄바람에 흘러드는 꾀꼬리 소리.
感之欲歎息	알아차려 탄식 나오려는 걸
對酒還自傾	술병 잡고 또 저절로 잔 기울이네.
浩歌⁴待明月	큰 소리로 노래 불러 밝은 달 기다리는데
曲盡已⁵忘情	곡 다하니 슬픈 감정 모두 사라져 버렸네.

---

1 處世 : 세상에서 살아감
2 頹然 : 취해 쓰러지는 모양
3 借問 : 시험 삼아 물어봄
4 浩歌 : 큰 소리로 노래함
5 忘情 : 희로애락의 정을 잊어버림. 인간 속세의 정을 잊는 것.

꽃도 활짝 피고 새도 지저귀는 어느 화창한 봄날, 이백은 조용한 하루를 가만히 읊조리고 있다.

일상을 들여다보자. 수식어도 없다. 가장 큰 단어가 큰 소리의 노래(浩歌)라는 글자 밖에 없다.

정말 달라진 모습의 이백이다.

그러나 밑바탕에 흐르는 인생관, 우주관, 습성의 본질은 시종여일 똑같다. 호방하나 조용한가를 막론하고.

어느 하루의 일과를 그림을 보듯 선명히 보여주고 있다.

우리의 다정한 시골 할아버지 같이 내 곁에 다가오는 인간적인 이백이다.

인생의 덧없음을 슬퍼하던 작가.

꽃잎하나, 꾀꼬리 소리에도 상심되어 탄식하던 시인.

잊으려 몸부림치는 자아.

술을 찾고 달에 의지해 보려는 안간힘.

그러나 잊을 줄을 안다. 화끈하게. 더 높이 수직상승하면서.

노래를 부르다가 자기도 모르게 저절로 이 근본적인 인간의 문제를 해소하고 희로애락이 없는 망정(忘情)의 승화된 달관적 경지에 다다른 것이다.

허무의 번뇌를 벗어나는 순간이었던 것이다.

이에 이 시를 썼는데 제목에서 밝힌 老에 해당한다. 이 느낌을 다소곳이 소박하게 표현한 것이다.

춘 일 취 기 언 지
春日醉起言志
chūn rì zuì qǐ yán zhì

처 세 약 대 몽
处世若大梦
chù shì ruò dà mèng

호 위 노 기 생
胡为劳其生
hú wèi láo qí shēng

소 이 종 일 취
所以终日醉
suǒ yǐ zhōng rì zuì

퇴 연 와 전 영
颓然卧前楹
tuí rán wò qián yíng

각 래 면 정 전
觉来眄庭前
jué lái miàn tíng qián

일 조 화 간 명
一鸟花间鸣
yī niǎo huā jiān míng

차 문 차 하 시
借问此何时
jiè wèn cǐ hé shí

춘 풍 어 유 앵
春风语流莺
chūn fēng yǔ liú yīng

감 지 욕 탄 식
感之欲叹息
gǎn zhī yù tàn xī

대 주 환 자 경
对酒还自倾
duì jiǔ hái zì qīng

호 가 대 명 월
浩歌待明月
hào gē dài míng yuè

곡 진 이 망 정
曲尽已忘情
qǔ jìn yǐ wàng qíng

제8강

달빛 아래 실루엣

달 달
무슨 달
쟁반같이 둥근 달
어디어디 떴나
남산위에 떴지

4·50년 전 한국 어린이들이 즐겨 부르던 동요이다.

달아 달아
밝은 달아
이태백이 놀던 달아

이는 남녀노소 없이 모두 흥얼거리던 가사라 어딜 가나 쉽게 듣던 노래이다.
  달은 그렇게 우리와 가깝게 있었다.
  더 거슬러 '달'은 옛날 문인들의 친구라 해도 과언이 아니다.
  달은 그만큼 인간을 끌어들이는 구심력을 가지고 있었다.
  슬퍼할 때, 기뻐할 때, 외로워할 때, 함께할 때 모두 구실삼아 달빛아래에서 달과 대화를 나누었다. 많은 달의 이미지를 만들어 내면서…
  지금은 아파트의 불빛에 가려서인지, 현대인이 너무 바빠서인지 지금의 달은 벼르지 않으면 쉽게 보여주지 않는다. 외면당했는지 노여워서 아예 숨어 버렸는지 알 수가 없다.
  산과 물이 있고 들녘이 있는 조그만 시골길엔 아직도 그림 같은 '달밤'이 있다.
 조용한 들길, 밤에 홀로 들길을 걸어보자.
 달은 그대에게 속삭일 것이다.
 천년을 두고 보아온 사람들의 이야기를 들려줄 것이다.
 아니 만년을 헤아려온 그 숱한 그리움의 이야기를…
 여기에 아주 작은 이야기 중의 하나인 두보의 이야기, 이백의 너울대는 춤사위를 살짝 들려 줄 것이다.

(1) 月夜   달밤에

杜 甫

今夜鄜州[1]月	오늘밤 부주에 뜬달
閨中[2]只獨看	아내는 홀로 보고 있으리라.
遙憐小兒女[3]	멀리서 어린 아이들 가엾이 여기노니
未解憶長安[4]	장안을 애타는 심정 헤아릴 길 없으리.
香霧[5]雲鬟[6]濕	향기로운 밤안개에 곱게 얹은 구름 머리 젖어들고
淸輝[7]玉臂[8]寒	청아한 달빛 아래 옥 같은 팔 시리우리라.
何時倚虛幌[9]	어느 때나 부드러운 휘장에 기대어서
雙照淚痕乾	달빛 마주보며 눈물짓지 아니할까!

---

1 鄜州 : 섬서성 부현(장안의 북녘). 두보의 가족이 있는 곳
2 閨中 : 부인들의 방(아내를 지칭)
3 小兒女 : 두보의 아이들
4 長安 : 장안에 있는 사람(두보)
5 香霧 : 밤안개. 밤이슬
6 雲鬟 : 여자의 검고 풍성한 머리채. 구름 모양임. 그 당시에는 머리카락을 높고 크게 올리는 것이 유행이었음
7 淸輝 : 맑고 교교한 달빛
8 玉臂 : 옥 같이 아름다운 팔
9 虛幌 : 빛이 투과되어 비추이는 투명하고 얇은 비단으로 이루어진 침실과 방의 커튼

천보 15년(756) 6월에 안록산이 이끄는 반란군이 동관(潼關)으로 침공하자 두보는 부인과 자식들을 데리고 부주로 피난하여 강촌(羌村)에 머물러 살게 되었다. 그해 7월 숙종이 영무(靈武)에서 즉위했다는 소식을 듣자 처자를 부주 강촌에 머물게 하고 혼자 영무로 떠났다. 그러나 반란군에게 도리어 잡혀서 장안으로 압송 되고 만다. 8월 두보는 포로의 몸으로 장안성에 끌려왔으나 관직이 낮은 이유로 구금되지는 않았다. 이해 가을 장안에서 부주에 있는 가족을 생각하며 달빛 고요한 밤에 오언율시인 이 시를 짓게 된다. 두보나이 마흔 다섯 살 때의 일이다.

두보에게 있어서 달은 가족 특히 아내를 연상시키는 매체이다. 두보 → 장안 → 달 → 부주 → 아내, 아들·딸로 연결된다.

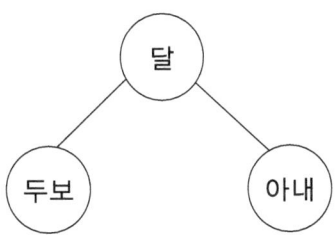

달을 중심으로 둘은 이심전심되며 달은 두보에게 아내의 모습을 비춰주는 마술의 영상이다.

마술 속의 영상을 들여다보자.

1, 2구를 보자.
작가는 두보지만 주인공은 아내이다.

장안에 두보가 있으니 두보가 보는 달은 정녕 장안의 달이련만 두보는 영상처리에서 부주의 달로 대체시켰다.

부주에는 누가 있는가?

아내가 있다. 아이들과 함께.

그러나 달을 보는 사람은 오직 하나 규방에 있는 나의 아내이다.

홀로 무슨 생각에 잠겨 있을까? 달을 보면서.

그대여 깊이 무얼 사색 하는가?

그녀의 모습이 그림처럼 떠오른다.

3, 4구를 보자.

나의 작은 아이들, 그들은 아무것도 이해하지 못하는 철부지들이다.

'안 보아도 나는 알아' 두보는 멀리 장안에서 가슴이 아프다.

왜냐?

엄마가 왜 잠 못 이루면서까지 하염없이 달을 쳐다보고 있는지 그 까닭을 도지 알지 못한다. 알 수가 없다.

이 영문 모르며 눈만 깜박일 아이들 때문에 두보는 더 가슴이 메어진다.

4구를 보니 아내가 달빛 아래 서성이는 이유가 밝혀졌다.

남편이 있는 장안을 걱정할 새 잠 못 들고 오직 할 수 있는 일이란, 하늘에 떠 있는 달만 쳐다보면서 저 멀리 장안에도 떠 있을 달을 기웃거리는 것이다.

남편에게 가까이 다가갈 수 있는 유일한 방법이리라.

5, 6구를 보자.
달빛아래 가물거리는 아내의 영상이다.
잘보고 너무 부러워하지는 말자. 조금만 부러워하자.
우리들의 미래는 크고 더 휘황찬란할 테니까.

먼저 섬세한 언어의 선택이 눈에 띈다.
향기로운 밤안개(香霧), 구름머리(雲髮), 청아한 달빛(淸輝), 옥 같은 팔(玉臂)의 형용에서 시적 이미지를 창출 하는 데에 작가가 심혈을 기울인 흔적을 찾아 볼 수 있다.
아내에 대한 상념에 몰두하다 보니 그리움은 끝없이 확대되고, 그녀에 대한 애상과 그리움의 정서는 강렬하게 고공행진하면서 더할 나위 없이 아름다운 고전미를 갖춘 탐미적 승화의 단계에 다다른 필치를 휘두른다.
달을 보면 볼수록 깊어지는 아내에 대한 그리움의 정서를 풀어 쓴다면,
밤안개와 이슬이 자욱한 어느 쌀쌀한 가을 날, 달빛은 청아하고 맑으며 안개조차 향기롭다.
여기에 어여쁜 당신의 모습이란, 곱게 단장한 흐트러짐 없는 고아한 자태이다.
머리는 곱게 구름처럼 빚어 넘기고 옥 같이 빛나는 팔을 가진 당신이여!
밤이 깊어 머리 젖고 팔이 차가와졌을 텐데 정적으로 가득 찬 달빛아래에서도 아랑곳하지 않는 당신의 가냘픈 자태여!

오직 하나 내 걱정으로 가득 찬 당신이여!
아! 아!
가여운 당신이여!
아내에 대한 미화는 절정에 이른다. 그리움이 가슴 속에 사무친다.
가슴 속에 맑은 진주처럼 맺히는 나의 눈물.
아내여!
보고 싶소.
미안하오.
다시 정신 차리고 비평의 각도를 돌려보자.
두보가 그의 아내를 형용하는 데에 이처럼 최상의 단어를 골라 신비로운 자태로 묘사하여 독자를 흥발시키고 화려한 감촉의 영상을 제공한 시는 극히 드물다는 데에서 힌트를 얻자.
또 당시의 현실을 보더라도 남편은 돈 한번 변변하게 벌어온 적도 없어서 가난한 살림 꾸리기에도 여념 없을 두보의 아내는 보채는 아이들 돌보랴 머리빗을 새도 없었으리라…. 해어진 옷은 물론이고.
자, 두보는 누구인가?
두보는 왕권을 뒤흔들지 않는 범위 내에서라면 민중의 편에서 사회를 고발하는 현실참여의 시인이 아닌가.
그렇다면 이는 당대 현실에게 바라는, 두보가 소망하는 이상국의 이상적 여성의 묘사로 보아야 하리라.
화려한 수식의 자연과 여인의 묘사는 태평세월을 염원하는 두보의 이상적 상징물이고 자태이고, 마지막 글자 젖어들다(濕), 차다(寒)는 현실을 반영하여 대비적 정서를 부각시켜 쓴 글자로 보면 된다.

이상적 사회를 망쳐놓은 현실, 즉 전란 때문에 습하고 추운 것이다.

전국이, 온 백성이, 남편을 가진 모든 아내가 저리도록 춥고 배고프고 갈증한다는 상징이다.

어느 여성이나 비록 현실에 찌들려 볼품없어도 꿈속의 향기로운 공주를 꿈꾸지 않는가.

마지막 연. 7, 8구를 보자.

화면은 잠시 현실을 떠나 미래로 향하며 갈망의 의지가 도약한다.

영상은 따라서 완전히 전환되며 밝은 색상으로 바뀐다.

앞에서 묘사된 현실의 정경은 홀로 보는 (獨看)달이었다.

미련의 달은 미래의 달이다. 즉 부부가 함께 마주보며(雙照) 따스하게 웃음 짓는 상상의, 소망의 비전을 간직한 달이다.

두보는 공상한다. 부드러운 비단 커튼이 하늘거리는 침실에서 포근한 달빛 받으며 눈물 자국 없이 우리 부부가 미소 짓는 날이 온다면 얼마나 좋을까 하고.

그림이 매우 좋다.

그러나 이는 미래에 대한 소망일뿐이니 언어의 밑에 깔린 현실이 애처롭다. 글자 밖에 숨어 있는 뜻을 찾아보자.

마지막 최후의 장면은 현실이니까.

언제 전쟁이 끝나려나?
우리 가족 언제 함께 모일까?
언제나 눈물이 마를까?
외로움, 그리움, 가고픔을 담고 있는 달의 이 아픈 형상은 언제쯤 벗기어 질 수 있을까?
슬픔이 가 버린다면 달빛은 따스할 것이고 그 따스함 속에서 우리가족 너무나 행복하리라…

쯧쯧쯧 쯧쯧……

이는 두보가 아내를 사무치게 그리워하는 깊고 진지한 애정의 표현이리라.
동시에 달빛아래에서 전란에 흩어진 뭇 백성들의 간절한 외침이라고 보아도 무방하리라.
두보가 우리에게 묻고 있네요.
당신의 생각은 어떠하신지요.

월 야
月夜
yuè yè

금 야 부 주 월
今夜鄜州月
jīn yè fū zhōu yuè

규 중 지 독 간
闺中只独看
guī zhōng zhǐ dú kān

요 련 소 아 녀
遥怜小儿女
yáo lián xiǎo ér nǚ

미 해 억 장 안
未解忆长安
wèi jiě yì cháng ān

향 무 운 환 습
香雾云鬟湿
xiāng wù yún huán shī

청 휘 옥 비 한
清辉玉臂寒
qīng huī yù bì hán

하 시 의 허 황
何时依虚幌
hé shí yī xū huǎng

쌍 조 루 흔 간
双照泪痕干
shuāng zhào lèi hén gān

혼자라는 것.
홀로 있다는 것.
아마도 외로움인가 보다.
홀로 어디에 있는가?
달빛아래.
고독이 흐른다…

(2) 月下獨酌　　달빛 아래 홀로 술을 마시면서

李 白

花間一壺[1]酒	꽃밭에다 술 단지 차려놓고
獨酌無相親	벗 없이 나 홀로 자작한다.
擧杯邀[2]明月	술잔 들어 밝은 달을 초대하니
對[3]影成三人[4]	그림자와 더불어 세 사람 되었구려.
月旣不解[5]飮	달은 워낙 마실 줄 모르는 터
影徒隨我身	그림자도 내 몸짓 그저 따라할 뿐이네.
暫伴月將[6]影	잠시라도 달과 그림자로 반려삼아
行樂[7]須及春	아름다운 봄날 아껴 즐기며 놀아야지.
我歌月徘徊[8]	내가 노래하면 달은 서성이고
我舞影零亂[9]	내가 춤추면 그림자도 너울 춤 추네.
醒時同交歡	깨어 있을 때엔 이 기쁨 함께 하지만
醉後各分散	취한다면 제 갈 길 흩어져 버리리라.
永結無情[10]遊	우린 속세 잊은 지고의 정 영원히 맺어

---

1 一壺 : 가득 채워진 술병
2 邀 : 초대함
3 對 : 더불어
4 三人 : 세 사람, 달과 나와 그림자
5 解 : 能解 할 수 있다.
6 將 : ~와 ~
7 行樂 : 즐겁게 지냄
8 徘徊 : 이리저리 거님
9 零亂 : 어지럽게 움직임

相期邈雲漢[11]　　아득히 먼 은하에서 다시 만나자꾸나.

우리가 이미 보았듯이 여자이거나, 남자이거나 성에 관계없이 달빛아래 설정된 한 사람의 모습은 충분히 인간 본연의 자아를 일깨워 주는 심오한 경계의 문학적 예술 가치를 제공한다.
　꽃들은 아름다운 무늬로 대지를 장식하고 따스한 봄이 나를 부르는데 어찌 할까나!
　참자. 쪽. 못 본척하자.
　해가 지고 달빛 휘황 찬란히 비추이는 밤.
　화알짝 핀 꽃 무대.
　달이 나를 보고 손짓한다.
　~음~ ~음~
　꽃향기

　매혹적인 경관을 제공하고 있는 자연의 무대장치.
　고요한 정적이 흐르고 무대 중앙 한 자리가 비어 있다.
　에라!
　내 어이 술 단지 들고 당당히 등장하지 않을 수 있을쏘냐!
　나 이백 여기 있노라!
　~ 쾅 ~
　술 단지 꽃밭에 내리는 소리이며 동시에 위풍당당 주인공 이

---

10 無情 : 희로애락의 감정이 없는 최고의 경지. 속세의정을 망각한 지고의 정.
11 邈雲漢 : 아득한 은하수

백이 무대를 여는 소리이다.

  1, 2구를 보자
  꽃 사이에서 친구 없이 홀로 따르고 홀로 마신다.
  달빛아래 홀로 마신다.
  꽃잎 하나 따서 입에 물어 본들 성에 차지 않는다.
  단조롭기 짝이 없다.
  혼자의 기분이 어떤지를 괜히 자기의 경험에 비추어 여기에서 지레판단 한다면 이백의 심정이 아닐 수 있으니까 좀 더 신중을 기하자.
  바로 3, 4구에서 나타난 행위를 보면서 판단해도 늦지 않으니까.
  이백은 갑자기 술잔을 가득 채워 벌떡 일어선다.
  팔을 쭈욱 뻗어 하늘을 향해 달에게 말한다.
  '술잔 받으오, 내가 그대를 초대합니다.'…
  범인은 상상하지도 못하는 기발하기 짝이 없는 행위이다. 파격적이다.
  달을 청해오니 그림자까지 세 사람이 되었다고 독백하고 있다.
  여기에서 조금 생각해 보자
  친구가 없이 홀로 있는 것은 매우 쓸쓸하고 적막한 일이었다. 세상에 홀로라는 기분 때문에 홀짝 홀짝 홀로 마셨구나.
  경관의 아름다움이 정적이라면 이 화려함도 이백의 깊은 고독감을 씻어주지는 못했다.
  세 사람을 만들고 나서야 이백은 겨우 홀로의 고독감에서 벗어날 수 있었다.

 달과 그림자를 의인화 시켜서 무대에는 세 친구, 달과 이백과 그림자가 있다.

 달은 하늘공간을 대표하고 이백은 지구상에 존재하는 하나의 인간을 대표해서 당당하게 우주 대 우주의 교류가 이루어진 것이다.

 스케일 크게도…

 이들에게 영혼의 교류가 시작되고 이제는 친구를 찾은 즐거움에 외롭지 않고 환희의 우주 공동합작 잔치가 벌어진다.

 술 마실 줄 모르는 달과 그림자를 데리고서…

 셋 중에 이백이 주동적 인물이라 우리는 인간으로서 기쁘긴 하지만 힘들게 이끌어가는 그의 내면세계를 들여다보면 씻기지 않는 인간의 잠재된 고독감이 꿈틀거려서 안쓰러운 마음 제거할 수 없으리라.

 어쨌든 잔치는 벌렸겠다.

 이제는 이백이 상상력을 동원하여 심령의 독백으로 독자에게 자신의 유희를 전한다.

 내가 춤추고 노래하면 달도 호응하여 내 주위를 배회하고 그림자는 덩실덩실 나와 함께 따라 춤춘다.

 달빛아래에서 춤을 추니 莊子가 말했던 것 같이 자신이 그림자인지, 그림자가 자신인지, 자신과 그림자를 구분할 수 없는 물아일체(物我一體)의 경지에 이르게 되었네.

 세 친구 완전히 같은 마음으로 동화되어 연출하는 환희의 순간이다.

적막한 무대가 온통 화려하고 시끄럽고 즐겁고 흥분된 분위기로 바뀌니 독자들도 덩달아 이백의 무대에 올라가 춤추고 노래하고 싶어지리라.

우리는 하나
모두 노래하자
함께 춤추자
우주는 하나

사실 우리의 현실에서 보통 술꾼들이 이런 이백의 모습을 얼마나 좋아하는지 술 마시는 당위성으로 이 일을 이야기하며 위풍당당해진다.

'이백은 참 좋은 나의 친구' 하면서…

춤추고 노래하며 얼마를 기쁨 속에서 즐거워했을까?

이백은 안다. 이런 무대가 오래 지속될 수 없음을.

표면상으로 보면 이백은 환희의 기쁨에 도취되어 있다.

이의 행위가 술 취하여 술 취한 말이라고 밀어붙이기에는 이백의 영혼이, 심령이 너무나 맑게 깨어 있으니, 청나라 비평가 심덕잠(沈德潛)은 '순수함 속에서 나온 천뢰(天籟)의 소리라 아무나 쉽게 배울 수 있는 경지가 아니다.'라고 평했었다.

표면상의 행위는 이백의 비범한 역량이다.

인간을 초월하여 저 멀리 우주의 영원한 경계에 도달하고픈 영혼의 몸부림이다.

그러나 그 이면에 잠재한 내적 자아는 표면적 역량으로 연출하는 인간의 호탕한 외침만큼이나 쓸쓸하고 적막하고 처량하다.
이백은 홀로인 인간의 고독감을 안다. 친구가 있어도 결국은 업보처럼 메고 가는 혼자인 인간의 멍에와 한계를.
그래서 이백은 마지막 13, 14구를 독백처럼 되뇌인다.
결코 쓰러질 수 없다. 패배할 수 없다.
인간으로서의 자존심이 있지.
지구를 대표하는 인간으로서 무너져선 안 되지.
더 큰소리로 당당히 선언하자. 외치자.

달아!
다시 만나자.
속세의 정을, 이 희로애락의 정을 말끔히 씻고 저 머나먼 곳 하늘나라 은하수에 올라가 다시 만나자구.
그땐 영원히, 영원히 우리 함께 놀아 보자구.
하늘에서 선경(仙境)에서 만나자구.
약속해!

이백은 쓰러진다.
그리고 홀로 중얼거렸으리라.
'이 세상은 너무나 너무나 고독해!'
마지막 두 구가 끝없이 쓸쓸해 보인다.

막이 내린다.
　　　·
　　　·
　　　·
이백의 일인 극이었습니다….

월 하 독 작
月下独酌
yuè xià dú zhuó

화 간 일 호 주
花间一壶酒
huā jiān yī hú jiǔ

독 작 무 상 친
独酌无相亲
dú zhuó wú xiāng qīn

거 배 요 명 월
擧杯邀明月
jǔ bēi yāo míng yuè

대 영 성 삼 인
对影成三人
duì yǐng chéng sān rén

월 기 불 해 음
月既不解飮
yuè jì bù jiě yǐn

영 도 수 아 신
影徒随我身
yǐng tú suí wǒ shēn

잠 반 월 장 영
暂伴月将影
zàn bàn yuè jiāng yǐng

행 락 수 급 춘
行樂须及春
xíng lè xū jí chūn

我歌月徘徊
wǒ gē yuè pái huái

我舞影零乱
wǒ wǔ yǐng líng luàn

醒时同交欢
xǐng shí tóng jiāo huān

醉后各分散
zuì hòu gè fēn sàn

永结无情遊
yǒng jié wú qíng yóu

相期邈云汉
xiāng qī miǎo yún hàn

제9강

친구여, 친구여
어이 이별할까나

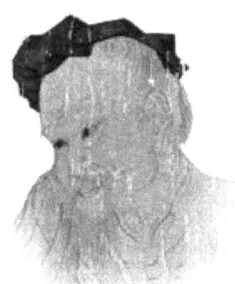

이별이 테마이다.
헤어진다는 것.
우리의 삶 자체가 만나고 헤어짐의 연속이다.
우리는 얼마나 많은 사람과 이별 했던가!
이별.
이미 수없이 해 왔고 또 미리 짐작되기도 하고 예상했던 터라 마음 흔들리지 말자고 다짐하고 다짐해 보기도 하지만, 그러나 이별은 역시 슬픈 일이다.
헤어진다는 것은 때로는 차마 할 일이 아니다.
이별에는 내성이 성립되지 못한다.
그 이별이 크던, 작던 간에.
슬퍼하지 말자 되뇌이지만
이별하는 순간에 또 우리는 가슴 저미는 슬픔에 잠긴다.
이별은 역시 슬픈 일이다.
하나의 역사가 조용히 사라지며 문을 닫는 것이니까.
……
기억에 남는 이별을 해보셨나요?
그러면 그대 언제가 가장 슬프던가요?
이별을 예감할 때?
이별의 순간에?
그대의 그대가 떠나간 후 혼자 남았을 때에?
여기에 이백과 왕유의 이별이 그대를 위로할 것이다.

(1) 送友人　　　　친구를 보내며

李 白

青山橫北郭[1]	푸른 산은 북녘 성곽을 둘렀는데
白水[2]繞[3]東城	은빛 물은 동쪽 성을 휘감아 흐른다.
此地一爲別	이곳에서 한번 이별하게 된다면
孤蓬[4]萬里征	외로운 쑥 풀처럼 그대 만리를 떠돌아 흐르리라.
浮雲游子[5]意	뜬구름은 길손의 마음
落日故人[6]情	지는 해는 친구의 우정.
揮手自玆去	이제는 손 흔들며 막 헤어지려 하노니
蕭蕭[7]班馬[8]鳴	떠나는 말 울어 예는 구슬픈 소리…

작가는 전송하는 친구와 성내를 빠져나와 함께 어깨를 나란히 하고 조용한 산길을 따라 걷다가 동행하는 마지막 이별의 지점에 다다른다.

---

1 北郭 : 외성의 북쪽
2 白水 : 햇빛이 반사되어 희게 빛나 보이는 강
3 繞 : 두르다
4 孤蓬 : 사막지역에 자라는 뿌리가 작은 쑥(나그네를 의미함 - 친구), 쉽게 뽑혀 날린다.
5 游子 : 나그네(떠나가는 친구)
6 故人 : 친구(여기서는 이백을 의미함)
7 蕭蕭 : 쓸쓸하게 우는 울음소리
8 班馬 : 무리를 벗어난 말(길 떠나는 말)

여기부터가 시의 출발점이다.

1, 2구를 보자.

슬픔 때문인가 작가는 멀리를 바라보며 景을 읊조리고 있다.

화려한 강산이 펼쳐지고 있구나.

우선 대비가 눈에 띈다.

색채의 대비로 시작하고 있다.

푸름(靑)과 백색(白)이 대비이다.

또 소재인 산과 물이 대비로 장식되었다.

방위의 대비는 북쪽과 동쪽이다.

도시의 대비는 郭과 城이다.

첫 구에서 동사로 쓰인 가로누워있다(橫)와 둘째 구에서 동사로 놓은 감싸고돌다(繞)라는 글자 역시 대구로 엮었다.

푸른 산은 성곽 밖에 하나의 건실한 경계의 표지처럼 요지부동의 자태로 버티고 있는 정태를 나타낸 것이고 백색 물은 성내를 가로질러 은빛처럼 반짝 반짝 거리며 끝없이 어딘가로 흘러가는 모양의 동태를 묘사한 것이다.

움직이지 않는 것과 흘러가는 것을 연출하기만 할 뿐 말이 없는 자연의 모습이다.

이와 같은 景의 형상 앞에 서있는 시인은 떠나가야 할 친구를 바로 옆에 두고 있다. 시인은 느끼고 있을 뿐 말하지 않는다. 침묵하고 있다.

조용하게 靜과 動을 대비시키고 있을 뿐이다.

다시 전체적 그림으로서의 1연을 보자.

산도 있고 강도 있고 성도 있고 곽도 있고 게다가 색채까지 있어서 수려한 경치와 화려한 도시 등 자연과 인위의 조화가 잘 어우러진 완벽한 구조의 아름다운 정서가 전체를 주도하며 흐르는 듯하면서도 한편으론 행간에 여백을 허용하여 묘한 다각도의 감상을 갖게 하는 출발이다.

3, 4구 함련을 보자.

시인의 상상은 나와 헤어진 후에 벌어질 친구의 행적에 완전 몰입한다.

경의 묘사는 정의 묘사로 바뀌면서 시인은 강하게 감정을 시구에 이입시킨다. 우정의 농도가 점점 노출되는 장면이다.

3, 4구 모두 세 번 째 자에 주목한다면 이백의 심정을 읽을 수 있으리라. 한 번의 일(一)자와 만 리의 만(萬)자의 대비 말이다.

대칭적 구조이다. 일에서 만까지의 숫자는 엄청난 차이 아닌가! 3구에서 헤어지는 마지막 순간을 이야기한다. 이곳에서 한번 헤어지고 만다면 이별 후의 친구는 그 다음 순간부터 어떻게 될까?

4구에서 떠난 사람에 대한 묘사가 비유적 심상으로 상징적 묘사로 그려져 있다.

친구는 정처 없이 만 리를 헤매리라.

마치 저 들풀처럼 바람 불면 부는 대로 나부끼며 흘러가리라.

친구의 안정되지 못하고 정착하지 못하는 떠돌이 상황을 시인은 예측하고 그가 삶을 영위하기 위해 만나서 투쟁해야 할 어려움과 고독을 안타깝게 바라만 보아야 하는 짙은 우정을 녹여서 심화시켰다.

5, 6구 경련을 보자.

역시 비유수법인데 후대에 회자되는 구이기도 하니까 시구가 의미하는 이미지를 자기 나름대로 형상화 시켜 보도록 하자.

5구에서 뜬 구름은 나그네의 마음이라고 했고,

6구에서 지는 해는 나의 우정이라고 했다.

시인은 차마 대낮에 그를 떠나보내지 못하고 저녁 석양이 지는 때까지 함께 하고 있음을 알 수 있다.

뜬 구름과 지는 해가 대비요, 나그네와 친구가 대비다.

이번에는 구름과 해를 대비시켜 하얀색과 붉은 색으로 양자의 마음을 표현하는 수법을 택하고 있다.

이 연의 감상 깊이는 이런 구름과 이런 해의 이미지를 찾아내는 데에 있다.

「흰 구름 두둥실 내 꿈을 싣고」

갑자기 헤르만 헤세의 시구가 생각나서 한번 써 봤다.

그도 역시 이백만큼이나 구름을 사랑했었다.

다시 이백에게 돌아와 가장 보편적인 이미지를 찾아보자면 구름과 방랑자의 공통점은 '떠돈다', '불안정하다'라는 점이 같다.

그의 산문에서 뜬 구름 = 인생으로 표현하기도 했지만.

지는 해와 보내는 친구의 심정을 같은 이미지 선상에서 본다면, '어쩔 수 없이 진다.', '어쩔 수 없이 보내야 한다.'는 점에서, 붉은 색이 따뜻한 색이니까 따뜻한 마음이라는 점에서, 석양은 아름다우니까 내 우정도 아름답다라는 점에서 공통점을 가지리라.

더 기발한 착상은 여러분들의 감상에서 찾아보도록 하자.

아무튼 간에 푸른 산과 맑은 물, 뜬 구름과 석양이 비추이는 하늘 아래에서 떠나는 이, 떠나보내는 이가 함께하는 景과 情이 철철 넘치도록 융해되어 찬란한 석별의 행사가 진행되고 있다.

마지막 연 7, 8구를 보자.

최후의 헤어지는 순간에 대한 묘사이다.

시인은 끝내 헤어지는 내심의 슬픈 감정을 감추고 있다.

작별의 동작만 하면서 곱씹고 있었으리라.

결코 눈물을 보여서는 안 돼!

꾸욱 꾸욱(참는 소리)

그리고는 손을 흔들어 막 헤어지려는 동작을 진행하려고 하는 찰나에 누가 알았겠는가!

무리를 떠나 먼 길을 가야할 말(班馬)이 먼저 알아차리고 그만 엉엉엉[蕭蕭] 슬피 울부짖는 게 아닌가!

말이 말한다.

"난 헤어지기 싫어.

안 갈래. 안 갈래.

엉. 엉.

헤어지기 싫단말야.

엉. 엉. 엉"

차라리 동물이라면 덜 슬플 텐데. 솔직히 표현하니까.

만물의 영장인 인간으로 태어나 너무 힘들다. 더욱이 강한 자아에 시달리던 시인에겐!

상투적인 속태(俗態)에 빠지기 싫어하는 시인이 만들어 낸 특별한 흥취의 맛이다.
 이백은 슬픔을 정면으로 묘사하지 않았다.
 말에 빗대어 측면묘사의 방법을 택하고 있다.
 말 울음소리 가득한 이별이었다. 정적을 뚫고…
 찬란한 슬픔으로 무늬 엮어진 화려한 이별이었다.
 혹시 시가 끝났는데도 슬픔이 여운처럼 내 가슴에 맴돈다구요?
 이를 문학에선 기운(氣韻)이 생동한다고 표현하지요.
 말이 끝났으나 말 밖에 감도는 뿌리칠 수 없는 그 야릇한 느낌을 말입니다.

송 우 인
送友人
sòng yǒu rén

청 산 횡 북 곽
青山横北郭
qīng shān héng běi guō

백 수 요 동 성
白水绕东城
bái shuǐ rào dōng chéng

차 지 일 위 별
此地一为别
cǐ dì yī wéi bié

고 봉 만 리 정
孤蓬万里征
gū péng wàn lǐ zhēng

부 운 유 자 의
浮云游子意
fú yún yóu zǐ yì

낙 일 고 인 정
落日故人情
luò rì gù rén qíng

휘 수 자 자 거
挥手自兹去
huī shǒu zì zī qù

소 소 반 마 명
萧萧班马鸣
xiāo xiāo bān mǎ míng

(2) 送元二[1]使安西[2] 안서로 사신가는 원이를 전송하며

王 維

渭城[3]朝雨浥輕塵	위성의 아침 비 사알짝 흙먼지 적시더니
客舍[4]靑靑柳色新	객사 앞 푸른 버들 산뜻하게 돋보이네.
勸君更盡一杯酒	그대여! 다시 한 잔 받으시오.
西出陽關[5]無故人[6]	서녘 양관 땅 벗어나면 친한 벗 없을 텐데…

안서는 중국의 서북쪽 끝, 장안에서 보면 까마득한 땅 사막의 끝이다. 서역으로 먼 길을 떠나는 사람은 마지막 관문인 위성에서 친지나 친구들의 전송을 받는다. 작가는 사신이 되어 안서로 떠나는 친구를 송별하기 위하여 위성의 객사에서 벗과 하룻밤을 묵었고 이튿날 전송하게 된다.

위성에서의 이별이기 때문에 이 시는 "위성곡(渭城曲)"으로도 불리며 당대 이후 송별연에서는 이 곡을 이별의 노래로 선정하

---

1 元二 : 元은 성, 二는 형제 중에 두 번째. 왕유의 친구
2 安西 : 안서도호부(서역주제 대사관). 지금의 신강성 투르판(吐魯番)
3 渭城 : 장안의 서쪽 함양. 서역으로 통하는 교통요지. 당시는 서북방면으로 떠나는 사람을 전송하러 장안에서 와 이곳에서 헤어지는 것이 상례였다
4 客舍 : 여관
5 陽關 : 서역으로 통하는 관문. 옥문관의 남쪽에 있음. 중국과 서역을 구분하는 관문임
6 故人 : 친구

여 대표적 이별 노래가 되었다. 후반 2구를 세 번씩이나 되풀이 하여 부르기 때문에 "양관삼첩곡(陽關三疊曲)"이라고도 부른다.

자 그러면 당시의 지도를 보면서 보내는 이, 떠나는 이의 입장을 이해하자.

시인 왕유의 친구인 원씨 집안의 둘째 아들이 이 시의 주인공인데 장안에서 안서도호부로 떠나라는 나라의 명을 받았고 왕유와 함께 이곳 위성에 왔다.

먼저 안서도호부는 어떤 곳인가?

원이의 심정은 어떤 것일까?

장안은 수도이니까 가장 화려한 곳이다. 모든 관리들이 왕 가까이에서 편리한 생활을 영위하기 희망하는 것은 예나 지금이나 다르지 않다. 왜냐하면 장안에서 멀어질수록 생활은 열악해지고 자신의 역량과 입지는 약화되기 때문이다. 십분 양보하여 중원의 한(漢)민족이 내 나라요 하면서 공통의식을 갖고 민속을 주장할 수 있는 마지막 범위는 양관이 있는 곳 까지다. 양관의 서쪽은 서역의 다른 민족이 섞여 살고 있는 異國 풍토의 땅이다. 양관은 지금의 돈황 서남쪽 외곽에 위치하고 있는데 사막지대이다. 이 황량한 곳에 세워진 관문을 벗어나면 더욱 황량한 황무지가 펼쳐지며 빈궁이 현저하게 나타나는 이국이 된다. 양관이 있는 돈황에서 안서도호부까지의 거리 역시 장안에서 머나먼 돈황의 거리보다 더 멀다. 사막과 고비로 이어지면서…

참고로 지금 기차로 장안에서 돈황까지 가려면 대략 이틀은

잡아야 된다. 하물며 안서도호부가 있는 곳까지 가려면 당시에 몇 계절이 바뀌어야 하지 않았겠는가.
　풍토와 기후, 풍속이 모두 낯설고 물 설은 이방의 땅이다.
　누가 이 미개지로 선뜻 가고 싶겠는가?
　이 작품에서 원이의 모습은 나타나지 않는다. 모습은커녕 원이의 심정을 암시하는 구절의 묘사도 없다.
　단지 시인만이 일방적으로 말하고 행동한다.
　자 그러면 1, 2구를 보자.
　떠나는 날 헤어지는 아침의 정경이다.
　위성에 아침비가 내렸는데 다만 가벼운 먼지만 없어질 정도로 가만히 내렸다. 공중의 먼지, 길에 깔린 먼지가 비에 젖어 촉촉이 잠재워져 버렸다.
　산뜻한 아침이다.
　객사 앞뜰에 있는 버드나무를 보니까 비에 씻겨서 깨끗하고 더욱 더 파룻파룻 싱싱함을 더하고 있었다.
　버드나무는 이별나무이다. 중국에서는 길 떠나는 이에게 버드나무 가지를 꺾어 주며 다시 올 것을 기약하는 풍습이 가요와 함께 대대로 행해 내려온다.
　시에서 버드나무의 등장은 특별히 이별의 분위기를 유발하고 고조시키는 상징성 나무이다.
　이것이 첫 구와 둘째 구의 구성이다. 아무리 보아도 송별하는 지점의 풍경묘사가 전부인 듯하다. 어떻게 받아들이면 좋을까?
　'무언가 이별하고는 어울리지 않아'

'뭐 이래? 헤어져서 신난다는 거야? 날씨도 좋고 도로는 깨끗하고 상쾌한 아침이잖아!'
'도대체 이별의 시를 짓는 거야 뭐야?'
노하지 말자.
그래도 신선한 아침 속에서 시인의 정을 찾아보는 미덕을 발휘하자.
이 시는 이별의 애송곡으로 송별연을 압도한 노래라는데…
우리는 암담한 마음으로 유난히 무거운 발걸음으로 논산훈련소(누구나 남자이면 다가기 때문에 이 경우와는 많은 차이가 있지만)로 향하는 친구에게
'너 잘못하면 죽을 수도 있어, 군대는 네 인생 망치는 거야'라고 말하지 않는다. 떠나는 자가 슬플수록 보내는 자는 안간힘을 다해 희망의 메시지를 전한다.
'모든 것이 잘 될 거야. 저 봐 태양도 너를 축복하잖아. 힘내'
그리고는 밝게 헤어지는 것이 친구의 도리이리라.
이제 왕유의 마음을 헤아려보자.
"원이여! 이 자연을 보소서. 소생하는 새 아침을.
당신이 떠나는 것 자연조차 축복하네요.
당신은 새롭게 신선하게 출발하는 거예요.
힘차게!!
하늘도 사람의 소원을 쫓는 듯 서광을 비추이잖아."
원이를 위한 위안의 안배를 밝은 경에 숨겨 놓았던 것이리라.
암울하지 않고 희망적인 미래를 심어주는 우정의 소치이었으

리라.
　3, 4구를 보자.
　여기에서도 친구와 헤어지는 진짜 마지막 순간의 찰나를 그리고 있다.
　무슨 말로 장식해야 할지 왕유는 많이 많이 망설였으리라.
　침묵의 시간은 흐르고…
　그러나 시인은 더 이상 마지막 말을 찾지 못했다.
　단지 하나의 행동으로 대신하고 있다.
　무수한 말을 그 곳에 담아서…
　어제 밤에도 얼마나 마셨겠는가?
　그러나 다시 한 번 술잔 가득히 철철 넘치는 잔을 권할 뿐이다.
　'이 잔 다시 한 번 받으시오!'
　마지막 헤어짐의 찰나적 심정을 풍요롭게 장식하고 있다.
　그러면서도 시인 왕유는 이미 저 먼 곳 원이가 임지에서 벌일 생활을 머리에 떠올린다. 짙은 우정을 싣고.
　앞으로 만 리 길 풍물이 다르고 사람이 다르고 빈궁하고 황량한 그곳에서 홀로 견디며 겪을 친구의 생활을 안다.
　타향에서,
　외롭겠지.
　고독하겠지.
　아는 사람 하나 없는 그곳에서…
　친구의 고통을 몸으로 느낀다.
　그래서 마지막 4구에서 심각하고도 진지하게 나의 우정을 실어 보낸다.
　양관을 벗어나면 친구가 없을 텐데…
　왕유의 정감이 따스하게 원이의 마음속에 새겨졌으리라.
　그대여!
　내 우정을 가득 싣고
　그대 편히 가시오!
　잘 가오!
　왕유가 친구를 보내는 방법이었다.
　우리는 생각해 보자
　이 시가 왜 송별연으로 재창, 삼창 불리게 되었을까?
　특별한 이유가 있을까?

위성곡 송원이사안서
渭城曲(送元二使安西)
wèi chéng qu(sòng yuán èr shǐ ānxī)

위성조우읍경진
渭城朝雨浥轻尘
wèi chéng zhāo yǔ yì qīng chén

객사청청류색신
客舍青青柳色新
kè shè qīng qīng liǔ sè xīn

권군갱진일배주
劝君更尽一杯酒
quàn jūn gèng jìn yī bēi jiǔ

서출양관무고인
西出阳关无故人
xī chū yáng guān wú gù rén

(3) 送別　　　　　이 별

　　　　　　　　　　　　　　　　王　維

山中相送罷[1]　　산 속에서 그대를 떠나보낸 후
日暮掩柴扉[2]　　날이 저물어 사립문을 닫는다.
春草明年綠　　　봄풀은 내년에도 푸르련마는
王孫[3]歸不歸　　그대는 다시 돌아올런가 ?

여기에 왕유가 친구를 이별하며 쓴 또 다른 한 편을 감상하자.
　오언절구이니까 근체시에서 가장 짧은 시에 해당하지만 할 말은 다하고 있는 셈이다.
시는 조용한 강물처럼 흐른다.
이 시는 친구를 떠나보내는 전송의 광경을 읊고 있지 않다.
시의 출발은 떠나간 후의 일로부터 시작된다.
앞에서 보아온 이별시와도 다른 구성이다.
도대체 이별이 슬픈 건지 아닌지 말하지도 않는다.
　독자여!
다만 당신의 상상에 맡길 뿐이라네.
자! 그러면 1, 2구를 들여다보자
적은 글자 수 이니까 더욱 세심히 뚫어지게 바라보도록 하자.

---

1 罷 : 끝나다, 마치다
2 柴扉 : 사립문
3 王孫 : 초사에서 인용(친구를 의미함)

1구에서 한 글자 한 글자 짚어보면 산중에서, 서로, 이별을, 끝냈다 이다.

아주 간략한 보고서 같다.

어느 글자에 감정이 들어가 있는가!

파(罷)자는 완료하다. 끝내다의 뜻으로 '학교 파했니?' 하고 물으면 '학교 끝났니?'와 같은 뜻으로, 우리의 지금 세상에서 아직도 살아있는 고령 세대 중에는 한자를 잘 쓰는 유식한 사람이라면 쉽게 쓰던 단어이다.

헤어진 지점이 산속이었구나.

평범하기 그지없다.

2구를 보자.

친구와 이별하고 시인은 집에 와 있었다.

얼마를 지났을까?

해가 뉘엿뉘엿 기울고 어둠이 찾아왔다.

아! 대문을 닫아야지.

시인은 어둑어둑한 마당을 걸어 나와 조용히 사립문을 닫는다.

시인은 자신이 친구와 헤어진 날의 행위만 전달하고 있다.

그런데 그 행위는 일상 이외에 아무것도 더 보태진 것이 없다.

어제도, 그제도, 또 내일도, 모레도 똑같이 낮에는 문을 열어 놓고 저녁이 되면 또 사립문을 닫겠지…

무엇이 달라졌는가?

행위에는 달라진 것이 없는 일상의 일이다.

그러나 사립문을 닫는다는 행위에서 우리는 시인의 마음을 읽을 수 있으리라.
 오늘 아침까지도 그와 함께 있었던 집이다.
 그러나 오늘 저녁 문을 닫는 행위는 달라진 내용이 있다.
 어제까진 문을 닫아도 그와 함께 한 집에 있었다.
 오늘의 문을 닫는 것은 이제 완전히 그대와 단절됨을 의미한다.
 그는 가고 나만 안에 홀로 남아있다.
 함께 살던 사람이 떠나버린 경험이 있다면 쉽게 이해하리라.
 어제까지, 아니 아침까지 그와 함께 먹고 마시고 웃고 얘기하고 함께 했던 공간이 텅 비어버린 느낌을.
 바로 그 첫날,
 그의 체취 때문에 슬펐다고 말해도 되련만 왕유는 절대로 헤어진 슬픔을 표면화시키지 않는다.
 우리의 상상을 더욱 절절하게 이끌 뿐이지.
 사립문이 닫힌 공간에 가득 찬 적막이 보이는 것 같기도 한데.
 여러분은 보이나요?
 시인은 뭐 그냥 방에 들어가 누웠겠지.
 어둠 속의 정적을 응시하며 시인은 무엇을 생각하고 있을까?
 3, 4구에서 답을 찾아보자.
 봄풀은 내년에도 돋아나 푸르련마는 왕손, 그대여 돌아올 건가 아니 돌아올 건가?
 시인은 떠나보낸 친구 생각으로 가득 차 있었다.
 시인은 분명히 헤어지는 순간에 그가 돌아올지 안 돌아올지의 계획은 알고 있었으리라.

그러나 다시 시에서 물으면서 끝내고 있다.
어떻게 보면 좋을지?
① 분명히 돌아올 것이다.
② 절대 안 돌아온다.
자기 나름대로 이론을 펴면 되니까 답은 아무래도 괜찮습니다.
그러나 좀 더 분석해 본다면 다음과 같은 추리는 어떨는지?
3, 4구는 시인 왕유가 초사의 한 구절을 응용해서 자기화시킨 것이다.

초사의 초은사(招隱士)편을 보면 '왕손은 멀리 떠나 돌아오지 않고, 봄풀은 무성하게 자랐습니다.'라고 되어 있어서 이 사람은 돌아오지 않았다.

이로 볼 때 왕유는 그가 돌아오지 않을 것이라는 것을 알고 있는 듯한 냄새가 풍긴다. 그러나 봄풀처럼 내년에 다시 찾아오기를 기다리는 것은 왕유의 깊고 진지한 우정의 표현은 아닐까?

'이렇게 보고 싶은데 안 온 됐지만 올 수도 있어.
아니야 와야 돼.
이렇게 보고 싶은데 꼭 와야 돼.
생각을 바꿀 수도 있잖아!(헤어진 사람이 모두 '홱' 돌아온다면 얼마나 좋을까?)

적어도 우리는 시인이 밤새 헤어진 사람 생각으로 가득했었음을 알 수가 있다.

전체의 구성을 다시 살펴보면 극히 평범한 소재의 구성이다.
언어 역시 화려한 수식하나 없이 자연적인 배열을 갖추고 있다.

운용방법 역시 대단히 소박하여 전환, 역전 등의 놀래킴도 없다.

그러나 시를 다 읽고 났는데도 그 진지한 감정의 여운이 왜 이렇게 오래 남는 것인지는 왕유 특유의 필법에 있으리라.

실로 도인답게 고품격을 갖춘 이별시였다.

이를 맛 이외의 맛(味外之味)이라고 말한다.

때로는 중심에 있을 때 잘 모르다가 헤어진 다음에 그 진가를 알게 되는 것이 인간이리라.

송 별
送 别
sòng bié

산중상송파
山中相送罢
shān zhōng xiāng sòng bà,

일 모 엄 시 비
日暮掩柴扉
rì mù yǎn chái fēi

춘초명년록
春草明年绿
chūn cǎo míng nián lǜ

왕 손 귀 불 귀
王孙归不归
wáng sūn guī bù guī

동서양 마찬가지임을 19세기 영국 서정시인 Shelley의 시를 보아도 알 수 있어서 여기에 소개한다.

〈Music, when soft voices die〉
- 음악은, 부드러운 음성 사라질 때에 -

Music, when soft voices die,
음악은, 부드러운 음성 사라져,

Vibrates in the memory.
기억 속에 떨고.

Odours, when sweet violets sicken,
향기는, 달콤한 오랑캐 꽃 병들어,

Live within the sense they quicken.
그가 자극한 감각 속에 살아있네.

Rose leaves, when the rose is dead,
장미 꽃잎은, 장미가 시들었을 때,

Are heaped for the beloved's bed.
당신의 침상을 위하여 쌓이고.

And so thy thought, when thou art gone,
그대를 향한 상념은, 당신이 가버린 때에,

Love itself shall slumber on.
사랑으로 잠들게 되리.

그대의 그대가 떠나 버린 후에야 사랑을 알았다고요?

너무 슬퍼하지 말자.

그대의 가슴속에 메아리쳐서,

영원히 보석처럼 빛나고 있을 테니까.

제10강

강물은 흐르는데…

'가는 것이 이와 같구나! 밤낮으로 쉬지 않는 도다.'

공자가 물가에 서서 흐르는 물을 바라보며 한 말이다.

한 순간도 멈춤이 없는 자연의 이치를 보고 한번 가면 돌아오지 않으니 세월을 아껴 제때에 학문을 닦으라는 말씀이라고 주자가 주석을 달았다.

송대 유학의 집성자인 주자가 너무 스트레스를 주었나요?

이번 주 세 수의 시는 물가 경치 좋은 곳에 세워놓은 중국의 三大 누대인 악양루, 봉황대, 황학루를 배경으로 펼쳐지는 대시인의 사색이 응집된 예술 세계를 다루었다.

명승지의 물 앞에 서서 시인은 무슨 생각을 그리도 골똘히 하고 있었을까?

설마 또 주자처럼 공부하라는 얘기는 아닐 테지. 참고로 주자도 시인이에요. 참 좋은…

(1) 登岳陽樓[1]   악양루에 올라

杜甫

昔聞洞庭水[2]	옛부터 들어오던 동정호
今上岳陽樓	오늘에야 악양루에 올라보누나
吳楚[3]東南坼[4]	오나라와 초나라를 동남으로 가르고
乾坤[5]日夜浮	하늘과 땅이 낮밤으로 떠 있다.
親朋無一字	친척, 친구 모두 소식 끊기고
老病有孤舟	늙고 병든 몸 오로지 쪽배에 의지할 뿐…
戎馬[6]關山北[7]	전란에 아직도 관산북녘 어지러워
憑軒涕泗[8]流	난간기대 바라보니 마구 쏟뜨리는 눈물이여!

이 시는 대종(代宗) 대력(大歷) 3년(768) 두보나이 57세 때의 작품이다.

두보는 만년에 일정한 거처가 없이 장강을 따라 표류하며 강

---

1 岳陽樓: 호남성 악양시의 서남쪽에 있는 3층 누각. 여기에서 넓게 펼쳐지는 동정호를 관망할 수 있다
2 洞庭水: 악양루 바로 앞에 위치한 바다처럼 넓은 동정호를 말함
3 吳楚: 춘추전국시대의 국가. 동정호를 중심으로 서쪽은 초, 동쪽은 오나라의 땅이었다.
4 坼: 터지다. 갈라지다. 열다
5 乾坤: 하늘과 땅. 해와 달
6 戎馬: 병마와 난리. 전쟁. 군사(軍事)
7 關山北: 관산의 북쪽. 중원의 북방지역을 지칭함
8 涕泗: 눈물 콧물

릉, 공안(公安)을 거쳐 떠돌이 생활을 하다가 늦은 겨울 악양에 표박하게 된다.

이때에 말로만 듣던 그 유명한 악양루에 오르게 된 것이다.

악양루는 바로 앞에 웅대한 경관이 펼쳐지는 동정호를 바라다 볼 수 있어서 예부터 많은 문인들이 일부러 찾았던 곳이다.

지금은 관광객을 위하여 누각 곁에 건물을 짓고 그곳에 다녀간 옛 시인들의 소상(塑像)이 진열되어 있다. 악양루 위층에는 송대의 산문가인 범중엄(范仲淹)이 쓴 유명한 산문 〈악양루기〉의 문장이 동정호를 대하고 전시되어 있다.

그러면 시의 구성을 보자.

오언율시인데 전반부 4句는 景의 묘사요 후반부 4句는 情의 묘사이다. 경과 정의 대비가 이 시의 주축이다.

다음에 소재내용의 구성을 보자.

수련은 자신의 개인적 상황이다.

함련은 동정호의 묘사이다.

경련은 자신의 개인적 근황의 묘사이다.

미련은 국가의 상황이 주제이다.

즉, 개인에서 → 경으로 → 개인에서 → 정으로 옮겨가고 있다.

여기에서 공간적 크기의 대비를 보자.

1, 2구 소(小) → 3, 4구 대(大)

5, 6구 소(小) → 7, 8구 대(大)의 구성을 전개시키고 있다.

볼륨을 죽였다 키웠다 전환의 묘를 자유자재로 운용하고 있는 구성이다.

아무나 할 수 있는 재량이 아니다.

이는 이 시를 창작하는 두보의 균형 감각이 매우 역동적임을 나타낸다.

많은 시인이 흉내 내려다가 균형을 잃고 쓰러지고 만다. 시는 그 나름대로 균형과 조화가 유지되어야만 좋은 시가 된다.

시가 균형을 잃으면 의욕과 달리 졸작이 되고 만다.

이 시는 균형의 안배가 치밀하게 계획되어 창작되었는데 실로 위태로운 공중에서 줄 위를 걷는 곡예사의 묘기를 보는 듯 조마조마한 구성의 전개이어서 다 읽고 난 후에야 안심이 될 정도로 큰 역량이 노련하게 숨 쉬는 작품이다.

왜냐?

3, 4구의 공간적 묘사가 너무나도 거대하기 때문에 어찌 후반부를 이끌지 어느 누구도 걱정이 앞서지 않을 수 없다.

그러면 좀 더 구체적으로 살펴보며 이야기 하자.

1, 2구를 보면 극히 평범한 서술처럼 보인다.

악양루에 오르게 된 경위를 감정적 글자 없이 마치 하나의 일처럼 담담히 읊었기 때문이다.

옛날(昔)에 그처럼 동경하던 곳을 지금(今)에야 올랐다고 오랜 시간이 경과한 것만 나타내고 있다.

기쁨으로 올랐을까?

설렘으로?

희비가 교차하는 마음으로?

어쨌든 옛날에 들었었던 기대와 오늘날 보았노라의 체험이 대비의 첫 글자로 사용된 것을 보면 다른 감각의 대비가 마음속에 소용돌이치고 있었으리라.

3, 4구를 보자
동정호라는 경관의 묘사이다.
과연 크고도 세도다.
얼마나 큰가 보자.
먼저 3구의 표현이다.
동정호는 땅을 탁 갈라 둘로 나누더니 오나라와 초나라를 분리해서 개국시켜 놓았다고 율동적 역할과 거대한 힘의 세력을 부여하는 묘사법을 쓰고 있다.
마치 조물주의 섭리가 숨어 있는 양…
태초에 물이 있어 양쪽으로 갈리니 동쪽은 오나라 땅이요, 서쪽은 초나라 땅으로 부를지어다. (신의 음성)
두보는 아마 이런 기분이었으리라.
4구의 景속에 숨어있는 뜻은 또 어떤가?
건곤 즉 하늘과 땅, 해와 달, 낮과 밤이 동정호 안에서 계속 출몰한다. 모든 우주의 변화가 이곳 안에서 일어나고 스러지고 영원히 떠 있다고 '동정호의 물'을 표현하고 있다.
동정호!
그 광활하고 위대함이여!
우주를 품고 있다.

더 이상 할 말이 없다.

하늘, 땅의 모든 것을 품고 있으니 그까짓 인간의 작은 일쯤이야.

이 시의 의경(意境)이다.

이리하여 이 3, 4구의 묘사는 대단한 명작으로 칭송받는 구이다.

탁(坼)자와 부(浮)자는 景中情의 상징적 묘사이기도 하다.

탁 갈리고 열리는 것은 어찌 물 뿐이랴.

풍파를 겪은 노시인의 인생 역정도 그러하지 않으냐!

여러분의 인생도 순간순간 탁 가르고 자기만의 수를 놓아 가고 있잖아요!

두둥실 떠 있는 게 어찌 해와 달 뿐이랴.

구름을 잡으려고 꿈꿔왔지만 결국은 정처 없이 떠돌기만 한 것이 인생 아니던가!

동정호수 속에는 시인 두보도 떠 있다.

5, 6구를 보자

大에서 아주 작은 보잘것없는 나를 발견한다.

함련과 경련도 대비이다.

大와 小의 대비이고

물(경물)과 나(사람)의 대비이다.

극과 극을 달리는 극심한 대비이다.

5구를 보면 친척, 친구하나 소식이 없는 상태의 나를 발견한다.

일정한 주거지 없으니 누가 어디에다 편지 올 때를 바라겠는가!

6구를 보니 늙고 병든 몸, 그렇다. 두보는 이때 이 빠지고, 다리 쑤시고(관절염), 폐, 심장 모두 병들어 있었다.

　그리고 물 위에 떠 있는 작은 돛단배 하나가 가족의 은신처이다.

　우주 앞에 한 없이 작아지는 노시인의 모습이여!

　무(無)와 유(有), 일(一)과 고(孤)가 같은 연에서 대비를 이루며 해변의 아주 작은 모래알 하나같은 두보의 볼품없는, 보잘것없는 처량한 신세를 대변해주고 있다.

　쓰러질 것만 같다.

　침몰할 것만 같다.

　곡예의 줄을 놓치면 어쩌나! 시의 균형이 깨질 텐데…

　긴장감이 든다.

　시는 미련을 향해 달린다.

　7구를 보자

　새롭게 전환하는 시상이다.

　두보는 넓은 강물위에 한 점으로 떠 있는 자신의 적막한 돛배로부터 시선을 돌려 다시 원대한 강물을 바라보게 되었다.

　점점 더 멀리로 시선을 돌리면서 작은 '나'로부터 큰 '나라'가 보이기 시작했다.

　강물처럼 넓게, 커다랗게 나라를 품는다.

　어느새 '나'는 없고 '나라'만 있다.

　나라는 어떠한가?

　관산의 북쪽인 당나라의 북방지역은 아직도 전란이 그치지 않아 장안은 늘 전쟁준비 상태로 불안한 상황이 아닌가?

  8구를 보자.

  시인은 악양루 난간에 기대어 동정호 건너 저 멀리 장안을 바라보니 비운을 맞은 국가, 도탄에 빠진 백성들의 현실적 걱정이 물밀듯이 밀려와 도저히 감정을 억제할 수가 없다.

  눈물 콧물 마구 흐른다.

  동정호의 물처럼 많이많이 끝없이 흐른다.

  이 눈물은 자신을 위한 눈물이 아니다.

  소멸하지 않는 나의 소망, 오직 하나, 국가가 잘되고 백성이 잘 살고…

  늙고 병들어 내가 할 수 있는 일이란 그저 솟구치는 울음으로 대변할 수밖에 없구나!

  두보는 자신의 신세라는 작은 의경으로부터 다시 국가의 운명이라는 커다란 의경으로 확대하여 시를 마무리하고 있다.

  우주를 품는 강물처럼…

  경과 정을 원과 근으로 조율하는 탁월한 재능의 창작방법으로 예술적 효과를 극대화시킨 작품이다.

  우리는 얼마만큼 국가를 사랑하는가?

등악양루
登岳阳楼
dēng yuè yáng lóu

석문동정수
昔闻洞庭水
xī wén dòng tíng shuǐ

금상악양루
今上岳阳楼
jīn shàng yuè yáng lóu

오초동남탁
吴楚东南坼
wú chǔ dōng nán chè

건곤일야부
乾坤日夜浮
qián kūn rì yè fú

친붕무일자
亲朋无一字
qīn péng wú yī zì

노병유고주
老病有孤舟
lǎo bìng yǒu gū zhōu

융마관산북
戎马关山北
róng mǎ guān shān běi

빙헌체사류
凭轩涕泗流
píng xuān tì sì liú

(2) 登金陵¹鳳凰臺²　　금릉의 봉황대에 올라

李 白

鳳凰臺上鳳凰遊	봉황대에서 봉황이 노닐었다 건만
鳳去臺空江自流	봉황 가버린 빈 누대엔 강물만 조용히 흐르네.
吳宮³花草⁴埋幽徑⁵	오나라 궁궐 화초는 구석진 길섶에 묻혀 지고
晉代衣冠⁶成古丘	진나라 고관대작 황량한 무덤구릉 이루었구려.
三山⁷半落青天外	세 산은 푸른 하늘 밖으로 반쯤 떨쳐 나갔고
二水⁸中分白鷺洲⁹	백로주 가로 뉘여 강물은 두 줄기로 갈라졌구나.
總爲浮雲¹⁰能蔽日¹¹	해는 쉽게 뜬 구름에 가리우는 것

1　金陵 : 지금의 강소성 남경시. 삼국 때에 吳의 수도. 이후 동진·송·제·양·진이 모두 이곳을 도읍으로 삼았다.
2　鳳凰臺 : 남경 봉황산에 있었던 누각. 육조 송나라 때 금릉의 남서언덕에 아름다운 봉황새가 날아와 그곳에 누각을 지었다는 전설이 전함. 南朝때 세워졌으나 吳와 晉때는 이미 없어짐.
3　吳宮 : 삼국시대 東吳의 손권(孫權)이 건축한 궁궐
4　花草 : 궁궐의 화초. 아름다운 미녀
5　幽徑 : 숲 속의 좁은 길
6　晉代衣冠 : 진대에 의관을 걸쳤던 고관. 귀인들.
7　三山 : 남경 서쪽의 연이어있는 세 봉우리
8　二水 : 진수와 회수
9　白鷺洲 : 二水에 의해 만들어진 삼각주의 이름.
10　浮雲 : 간사한 신하

長安[12]不見使人[13]愁   장안은 안 보이고 시름만 가득히 밀려오누나.

  이 시는 칠언 율시로 되어 있다.
  이백은 율시를 잘 짓지 않으나 이 작품은 당대의 율시 중에서도 걸작이라고 알려진 작품이다.
  이 시를 지은 동기와 시기에 대하여 끊임없이 문제가 제기되고 있다.
  특히 최호(崔顥)가 같은 형식인 칠언 율시로 〈황학루〉의 시를 지었는데 이백이 황학루에 올라 더 나은 시를 지을 수가 없어서 봉황대에 올라 같은 형식에 비슷한 구법, 같은 운각(韻脚), 비슷한 기세의 시를 지었다고 말하는 사람도 있다.
  두시 모두 천고의 절창이라고 평을 받고 있으니 최호의 〈황학루〉 시를 읽어 보도록 하자. 좋은 비교가 될 것이다.
  한편 다른 설이 있다.
  이백이 말년에 유배되어 야랑(夜郎)에 가던 도중 풀려나와 동남부를 유랑할 때 쓴 시라고 보는 설이다.
  또 하나는 말년의 작품이 아니고 쓰인 시기를 중년으로 보아 장안에서 간신배의 모함에 걸려 현종에게 쫓겨나 강호지역을 유랑하면서 금릉에 머물게 되었는데, 이때 봉황대에 올라 당시의 심정을 읊은 것으로 보는 설이다. 이 설이 가장 신빙성을 얻

---

11 日 : 임금(현종)
12 長安 : 장안성. 여기서는 현종
13 人 : 이백

그러면 시를 보자.

전체 8구는 景을 위주로 창작되었다.

모두 景인데 전반부 4구는 근경이고 후반부 4구는 원경으로 대칭하여 구성되어있다.

경을 위주로 하고 있지만 경속에 간직한 情이 8구 모두 숨어 있는 것도 특징이다.

전반부 4구는 과거의 경중정(景中情)이고 후반부 4구는 현재의 景中情으로 나누어 이분법으로 구축되어 있다.

눈앞에 보이는 경관의 묘사가 전체의 시를 지배하니까 우리가 그 속에 간직한 이백의 정을 느껴보려면 수수께끼 그림 속에 숨은 물건 찾듯이 찬찬히 새겨 보아야 할 것이다.

1구와 2구의 구성을 보자.

금릉의 봉황산에는 영가 14년(437년) 봉황새 떼가 모여들어 왕의(王顗)라는 사람이 누대를 짓고 봉황대라 불렀다.

예로부터 봉황은 상서로운 새로서, 봉황이 날아와 놀았다는 것은 왕조의 흥성함을 상징한다.

그래서인지 남경은 삼국시대의 오나라를 비롯하여 六朝시대를 거치면서 많은 왕조가 도읍으로 삼던 곳이다.

이백은 지금 봉황이 노닐다 간 봉황대 위에 서 있다.

그리고 생각은 과거로 흘러 들어간다.

과거의 경관과 지금의 경관이 오버랩 되면서 만감이 교차하고 있다.

봉황은 가 버렸고 누대는 텅 비어 있건만 강물만이 하염없이 쉬지 않고 흘러가고 있을 뿐이었다.

언제 그런 일이 있었냐는 듯이 누대는 공허하고 적막한 침묵만이 가득히 존재하고 있을 뿐이다.

과거 당시 봉황이 왔을 때는 나라가 흥성 했었지.

지금은 봉황도 가고 누대도 비고 육조 왕조의 흥성도 모두 사라져 버렸구나.

1, 2구에서 시인이 그려낸 경관 속에는 상징성의 정감이 맥맥이 흐르고 있다.

자연인 장강만이 영원히 흐를 뿐 찬란한 왕조는 지금 어디에서 찾아 볼 수 있느냐?

역사는 흘러갔고 말이 없다.

3, 4구를 보자.

1, 2구를 이어받아 기·승·전·결의 체제 중 승구(承句)의 역할을 충실히 해내고 있다.

화려함과 번영이 가고, 빈자리의 쓸쓸함을 구체적으로 예증시켜 그림으로써 승승장구 할 줄만 알았던 인생의 무상함과 그 종말을 물끄러미 응시하고 있다.

물론 함련의 주체는 경관의 묘사이다.

이곳 금릉에 도읍했던 오나라와 진나라의 모습은 어떻게 변화되었나?

지난날 오나라 궁궐의 화초인 미녀들의 뽐내던 자태는 어딜 가고 길가 으슥하게 후미진 구석에 이름 없이 풀숲에 묻혀졌는지.

막강한 힘을 상징하는 의관을 쓰고 호령했었을 고관, 귀인들 어찌하여 죽어서 황폐한 산언덕에 겹겹이 쌓여 무덤 구릉을 이루고 있는가?

인생은 무상한 것인가?

5, 6구를 보자

전구(轉句)로 시상이 전환된다.

회고의 과거로부터 탈출하여 현실을 직시하고 있다.

골똘하던 근경으로부터 시선을 돌려 멀리의 경관을 조망하고 있다.

소재와 색채와 숫자의 대비를 이루며 경관만으로도 문예적 농도가 짙은 가구(佳句)를 만들어냈다.

또 한편으로 지금 이백의 앞에 펼쳐진 경치의 묘사에서 그의 마음을 읽자.

멀리 펼쳐진 세 봉우리의 산이 보인다.

세 산이 있는데 반쯤은 청천 밖으로 떨어져 나갔다고 묘사했다.

경은 경인데 묘한 뉘앙스를 풍긴다.

동사의 사용을 보면 떨어져 나갔다(落)이다. 청천 밖으로.

형용을 설명해 본다면 원거리에 있으니까, 날이 흐리니까 반쯤은 보이는 듯, 반쯤은 숨어 있는 듯 보이는 산의 형상이다.

이를 묘사하는 형용의 술어가 많을 텐데 하필 떨어질락(落)자를 쓴 것이 곧 시인의 意中을 내보인 단어이다.

5구의 산과 대비를 이루며 6구의 소재가 된 강물을 보자.

강물은 모래섬 백로주를 끼고 두 줄기로 갈라져 흐른다.
이것이 멀리 펼쳐진 경관이고 이백은 사실대로 묘사했다.
그런데 이때 사용된 술어를 보면 나눌 분(分)으로 새겨 놓았다.
시인의 의지가 표출된 글자로 보아야 할 것이다.
떨어져 있다. 나뉘었다는 단어의 선택은 景中情의 묘사로 시인의 감정이 숨어 꿈틀대고 있다.
어떤 감정일까?
이백이 가슴 속 깊이 품고 있는 고뇌는 무엇일까?
결론을 보자
7, 8구에서 해결해 보자.
처음 두 글자 총위(總爲)의 직역은 '모든 것은 ~때문이다'라는 뜻이다.
즉 7구의 직역은 '모든 것은 뜬 구름이 해를 가릴 수 있었기 때문이다'이다.
물론 표면적 묘사는 경관의 묘사이다.
'떠도는 구름이 해를 가리고 있었다.'는 표현은 눈앞에 본 정경이다.
8구에서 역시 경관의 묘사가 주를 이룬다.
흐린 날씨이니까 더욱 수도 장안은 보이지 않고, 화려한 조정이 있는 장안이 보이지 않으니 혹시나 수도였던 남경처럼 똑같은 길을 향해 쇠퇴되지나 않을까 사람으로 하여금 시름에 잠기게 한다는 표면적 해석이 가능하다.
시인은 시종일관 자신의 감정을 노출시키지 않았고 자연의 경관 속에 자연의 언어를 투입시켜 용해하고 시화(詩化)했을 뿐이니 과연 추측이 난무할 수밖에 없다.

자! 그러면 시어의 상징성에 대하여 생각해 보자.

셋과 둘의 숫자. 청천, 백로주, 떨어지다, 나뉘다, 뜬 구름, 해 등을 등장시킨 시인의 의도는 무엇이었을까?

청천, 백로주, 해는 제왕의 상징성 용어로 쓰이지 않았을까?

둘과 셋의 상징은 찰나의 순간에 갈리는 인간의 운명이 아닐까?

떨어지다, 나뉘다는 임금님 밖으로 떨어진 신세가 아닐까?

뜬 구름은 임금님 곁을 맴도는 사악한 간신배의 무리는 아닐까?

이와 같이 문학상에 자주 쓰이는 상징성을 이 작품에 대입시켜 본다면 이백은 현실에 분노하고 울분에 차 있는 심사가 된다.

간신배가 득실거리는 곳 장안,

모함으로 쫓겨난 비참함,

좌절감,

처량함,

그래도 잊지 못하는 현종에 대한 한 가닥 애정.

역사적 사실이 증명하는 인생의 무상함을 눈앞에 목격하면서도 한편으론 억울하게 꺾이고 상처 받은 과거를 치유하기에는 삭여지지 않는 울분과 침통함이 가슴속에 솟구쳐서, 당장에 살아있는 인간의 어쩔 수 없는 이율배반적인 두 가지 심상(心像)을 고백하지 않을 수 없었던 것은 아닐는지?

슬픈 시인이여,

당신의 하늘 찌르는 침통함도 이제는 잠들었구려……

등금릉봉황대
登金陵凤凰台
dēng jīn líng fèng huáng tái

봉황대상봉황유
凤凰台上凤凰游
fèng huáng tái shàng fèng huáng yóu

봉거대공강자류
凤去台空江自流
fèng qù tái kōng jiāng zì liú

오궁화초매유경
吴宫花草埋幽径
wú gōng huā cǎo mái yōu jìng

진대의관성고구
晋代衣冠成古丘
jìn dài yī guān chéng gǔ qiū

삼산반락청천외
三山半落青天外
sān shān bàn luò qīng tiān wài

이수중분백로주
二水中分白鹭洲
èr shuǐ zhōng fēn bái lù zhōu

총위부운능폐일
總为浮云能蔽日
zǒng wèi fú yún néng bì rì

장안불견사인수
长安不见使人愁
cháng ān bù jiàn shǐ rén chóu

(3) 黃鶴樓[1]送孟浩然[2]之廣陵[3] 황학루에서 광릉 가는
맹호연을 전송하면서

李 白

故人[4]西辭[5]黃鶴樓	친구는 서쪽 황학루를 벗어나
煙花[6]三月下揚州	안개 꽃보라 남실대는 삼월 양주로 떠났네.
孤帆遠影碧空盡	외론 돛배 머언 그림자 파란 창공 비껴 사라지니
唯見長江[7]天際[8]流	장강만이 호올로 하늘가 닿아 흘러가누나.

이 시는 지금의 호북성 무한시 한복판에 있는 황학루가 무대이다.

황학루는 옛날에 비문의(費文褘)가 신선이 되어서 황학을 타고 와서 이 누대에서 쉬었다는 고사가 있다.

또 하나는 선인인 자안(子安)이 학을 타고 이곳을 지났다고도 전한다.

---

1 黃鶴樓: 호북성 무한시에 있는 누대. 장강을 마주 대하고 우뚝 솟아 있어 지금도 유명한 유람승지임
2 孟浩然: 시인이자 이백의 친구
3 廣陵: 揚州의 별칭. 강소성 양주시
4 故人: 오랜 친구(여기에서는 맹호연)
5 辭: 이별하다. 떠나다
6 煙花: 아지랑이처럼 아른거리는 활짝 핀 꽃보라
7 長江: 양자강을 이름
8 天際: 하늘 끝, 수평선

황학루의 난간에 서면 장강을 멀리까지 관망할 수 있다.

작가가 시인 맹호연과 교유한 시기는 고향인 사천을 막 떠나 청운의 푸른 꿈을 안고 넓은 세상을 향하여 동쪽으로 이동하던 30대 초반시절이다.

맹호연은 이백보다 열 살 이상이나 나이가 많았으며 그들이 교류하던 시기는 이미 맹호연의 명성이 만천하에 떨치고 있던 때이다.

이백은 맹호연의 자유분방한 풍치와 인품을 흠모했었고 또 만나 매혹되었다.

혈기왕성한 젊은이 이백은 이미 풍류를 갖추고 명성이 나 있는 시인과 함께 아름다운 산수와 전설을 간직한 황학루에서 교제한다는 사실이 매우 황홀한 일이었으리라.

이 유쾌하고 즐거운 예술인의 풍류장소인 황학루의 멋을 뒤로하고 또 홀연히 맹호연은 떠난단다. 저 멀리 동쪽 꿈의 도시 번화한 광릉(지금의 양주)를 향하여.

이백의 눈에는 얼마나 낭만적인 사람으로 비쳐졌을까?

자연 산수에 대한 도취를 마음껏 즐기다가 어느 순간 탁 끊을 줄 알고는 훌쩍 자유롭게 가볍게 또 다른 갈망의 도시를 찾아 행동으로 옮겨 떠나가는 사람…

때는 당 현종 개원시기이니 시대는 태평성대, 번영의 세월이요, 계절은 춘 삼월 꽃이 만발한 때이다.

또 가는 길은 줄곧 아름다운 경관이 펼쳐지고 있고, 저 멀리 양주는 동남지역의 최고로 화려한 도시가 아니던가!

이백은 서쪽에서 동쪽을 향하여 딱 여기 황학루가 있는 곳까지 왔고 더 이상 동쪽은 가본 적이 없는 상황이니 감수성 강한 시인의 마음속에 양주는 얼마나 더 번화한 동경의 도시였을까?

그럼 시구를 보자.

4구 모두 경으로 구성되어 있다.

1, 2구는 이별의 장소, 떠나가는 사람, 가는 곳, 송별의 계절을 그리고 있다.

1구에서는 맹호연이 황학루를 벗어나는 장면이다. 서쪽에서라고 굳이 밝힌 것은 양주가 황학루보다 동쪽에 위치하니까 썼다고도 볼 수 있지만, 이백의 상황을 보면, 자기는 촉의 땅으로부터 기껏 동으로 동으로 힘차게 뻗어 왔는데, 참 많이 이동했는데, 참 대견한데, 아니 이 사람은 더 동쪽으로 간다니 마치 뱁새가 황새걸음을 흉내 낼 수 없는 벅찬 심정을 담았으리라.

동사로 사용한 떠나다(辭)에는 이별의 슬픈 감정을 찾아볼 수가 없다.

오히려 황학루를 떠난다니 마치 신선이 황학타고 누대를 떠날 때를 상상하는 편이 더욱 이백의 시의(詩意)에 가까우리라.

2句를 보자.

이 구는 명구라고 해서 자주 회자되는 구절에 해당된다.

아지랑이 피어오르는 따스한 봄날, 꽃이 활짝 피어 꽃향기 휘날릴 때에,

'연화삼월!'

이렇게 읊조리면 된다.

아지랑이 아른거리고 꽃이 피어있는 따스한 춘삼월 양편 언덕에 아롱아롱 안개를 뚫고 만발한 꽃 병풍사이 강물 따라 서서히 양주를 향해 친구 맹호연은 유유히 떠나간다.

더없이 포근하고 따스한 봄날 경치를 그린 한 폭의 산수화이다.

낭만을 쫓아 유람하러 떠난 이를 바라보는 작가는 상심하기보다 오히려 부러워하는 듯하다.

넘실거리는 강물 따라 꿈은 더욱 살랑살랑 피어오르고……

지금도 양주에는 '연화절'의 봄꽃 축제 행사가 거행된다.

후반부 3, 4구를 보자.

신선처럼 연화를 뚫고 가는 돛단배를 따라 끝없이 바라보던 이백은 정신 차리고 보니 그는 가버리고 없고 강물만이 먼 끝에서 푸른 창공과 맞닿아 있었다.

오직 장강만이 하늘 끝까지 흘러 흘러가고 있었다.

여운이 감돈다.

친구가 사라진 후에도 작가는 끝없이 강물 따라 저쪽 끝까지 마음도 가고 있었던 것이다.

자기도 모르게 아주 골똘히

오랫동안 그렇게 서 있었던 것이다.

흐르는 장강의 저 끝을 바라보면서.

이백의 응시는 무엇을 의미하는가?

풍부한 시의(詩意)가 숨어 있는 것 같은데…

여러분들이 찾아내도록 합시다. 신선하고도 날카롭게.

황학처럼 풍격 높은 작품이네요.

황학루송맹호연지광릉
黄鹤楼送孟浩然之广陵
huáng hè lóu sòng mèng hào rán zhī guǎng líng

고인서사황학루
故人西辞黄鹤楼
gù rén xī cí huáng hè lóu

연화삼월하양주
烟花三月下扬州
yān huā sān yuè xià yáng zhōu

고범원영벽공진
孤帆远影碧空尽
gū fān yuǎn yǐng bì kōng jìn

유견장강천제류
唯见长江天际流
wéi jiàn cháng jiāng tiān jì liú

제11강

속세를 왜 등지냐구요?

세상은 너무나 좋다.
높은 빌딩이 숲을 이루고,
자동차가 신작로를 질주하고,
반짝이는 눈빛으로 바삐 활보하는 희망찬 사람들의 물결.
비행기는 날아 하루면 원하는 지구 뒤편 나라의 길 위에 서 있을 수 있다.

가자 도시로,
가자 세계로,
가자 최첨단의 세상으로,
'난 세상 한복판에 서 있는 것이 좋아'
힘차게 힘차게 세상을 향해 달리자.
그런데 여기 세상보다 더 좋은 곳이 있단다.

세상은 온갖 더러움으로 물들고,
인간은 싸우고, 속이고, 모함하고, 배반하고, 찢고, 찢기고……
온갖 사악함으로 가득한 세상.
때론 상처받고 지친 몸을 추스르면서 일어서야만 한다.
투쟁의 세상 속으로.
우리는 모두 세상에 살면서 세상을 좋아하기도 하고 싫어하기도 한다.
기쁜 세상인가 하면 금새 슬픈 세상으로 변하고 울고 있노라면 홀연히 은총이 내리는 세상,
참 어리둥절하고, 어지럽기도 하고, 신기하기도 하고, 세상은

너무 빠른 속도로 질주하여 쫓아가기가 너무 벅차다.
　때론 세상이라는 고공여행으로부터 내리고 싶어지기도 한다.
　멈추어라! 쉬고 싶다!
　여기에 여러분들의 영혼을 잠시 위로하는 시인의 노래가 있다.

(1) 山中問答   산속에서의 문답

李 白

問余何事棲碧山[1]	청산에 사는 뜻을 내게 물어와
笑而不答心自閑	말없이 웃을 뿐인데 마음 절로 한가로워.
桃花流水窅然[2]去	복사꽃 물길 따라 아득히 떠내려가고
別有天地非人間[3]	인간세상 아니 있는 별천지라오.

이 작품은 〈山中答俗人〉이란 시제로 소개되기도 한다. 칠언절구로 되어 있으나 근체시의 율격에 어긋나서 칠언고시로 분류하기도 한다.

시인의 나이 53세 때 지은 작품으로 널리 애송되고 있다.

우리나라에도 많이 알려져 있고 특히 4구 '別有天地非人間'은 명승지가 자연 친화적이면 돌에 새겨져 눈길을 끌기도 한다.

그러면 1, 2구를 보자.

우선 묻고 대답하는 형식으로 짜여 있는 것이 특징이다.

1구의 무슨 일로(何事)가 무슨 뜻으로(何意)로 되어 있는 본이 있다.

같은 뜻이다.

---

1 碧山 : 푸른 산, 속세를 벗어난 세상
2 窅然 : 아득하게. 멀리. 杳然과 같은 뜻
3 別有天地非人間 : 인간세계가 아닌 이상향의 세계

1구에서 묻는 이와 답하는 이가 있으니 '나(余)'는 물음을 당하는 사람인 작가 이백이다.

묻는 사람은 세상에 속한 사람인 속인이다.

어찌하여 세상을 등지고 푸르디푸른 벽산에서 사느냐?고 물었겠다.

문답체의 형식이 독자의 주의를 환기시키고 긴장시키는 역할을 하고 있다.

세상 사람인 우리 역시 궁금해 진 것이다.

무얼까?

모두 귀가 쫑긋해지는데,

우리의 시선 이백이 2구에서 이렇게 꼬리를 내릴 줄이야.

그는 엉뚱하게도 홀로 가뿐하고 상쾌한 행위를 보여주고 있을 뿐이다.

웃기만 할 뿐 말하지 않는다.

답하지 않는 것으로 답하는 까닭이 무엇일까?

독자여 상상하라.

인간은 생각하는 동물이잖아.

속인이 어찌 알까 만은 그래도 해보자.

작가의 긍지가 보이는 것 같기도 하고,

푸른 벽산이 더욱 더 신비한 색채로 다가오기도 하는 듯 하고,

혹시,

그 오묘한 뜻이 말로 표현 안 되니까?

말한들 속세인이 이해하지 못하니까?

말은 논리일 뿐 이 경지의 경계는 논리이상이기 때문이니까?
이래서 그렇게 웃으시기만 하는 건가요?
아니면 그대도 몰라서 답이 궁해져 그러시나요?
그런데 시인은 궁색한 기분이 아니다.
아! 이상하게도 이내 마음이 절로 한가롭기만 하구나 하고 유유자적한 태도를 취하고 있다.
자꾸만 1934년 〈문학〉이란 잡지에 실렸던 우리나라 시인 김상용의 시구가 떠오르지요?

남으로 창을 내겠소

남으로 창을 내겠소.
밭이 한참갈이
괭이로 파고
호미론 풀을 매지요.

구름이 꼬인다 갈리 있소
새 노래는 공으로 들으랴오.

강냉이가 익걸랑
함께 와 자셔도 좋소
왜 사냐 건
웃지요.

다시 시구로 와서,

삶을 달관한 태도가 마치 신선의 경지처럼 보이는 듯도 하다.

현실을 초탈한 듯 한적하기 그지없는 심정이리라.

3, 4구를 보자.

붉은 복사꽃이 흐르는 물길 따라 푸르른 산속 골짜기 사이로 아득하게 멀리 또 유유히 떠내려간다.

이것이 자신이 사는 곳의 구체적인 묘사이다.

얼마나 아름다운 세계인가?

이는 진(晉)나라 도연명(陶淵明)이 산문 도화원기(桃花源記)에서 밝혔던 도화경인 이상 세계에 뜻을 두고 자신이 살고 있는 곳이 바로 무릉도원의 세계임을 암시하고 있다.

한편, 눈여겨보자.

복사꽃이 나무에서 만발하고 있는 최상의 절정에 있는 아름다움의 묘사가 아니고 시인의 뜻은 시냇물 따라 떨어진 꽃잎에 있다. 복사꽃잎은 산속 맑은 물속에 둥실둥실 떠내려가 아득하게 멀리 사라지는 모습의 자태이다.

젊고 싱싱하고 찬란하고 화려한 절정만이 아름다운 건 아니다.

지는 것, 쇠퇴하는 것, 사라지는 것의 모습도 이처럼 아름다울 수 있다.

오히려 여운은 뒤쪽에 더 담겨 있는 것 같다.

자연은 말한다.

시작도 나의 것. 절정도 나의 것. 종말도 나의 것.

작은 생명이 싹틀 때도 아름답고.

영성한 때도 아름답고.
쇠락하는 것도 아름답다고.
가버리는 것을 소중한 진리로 받아들이며 지는 것을 사랑하는 눈으로 바라보는 사람은 결코 슬프지 않다.
왜냐면 순진무구한 빈 마음을 가졌기 때문이다.
이럴 때에만이 소멸도 죽음도 영겁 속에 있음을 감지하게 되리라.
자연의 법칙을 눈여겨보며 긍정적으로 찬양할 수 있는 사람은 낙천적인 사람이다.
낭만적인 사람이다.
자유를 더 간직한 사람이다.
그런데 시인 이백이 그렇다.
지는 것도 아름다운 세상
가는 것도 포용하는 넓은 마음이 있는 곳.
편안하고 조용하고 평온이 깃든 곳
이곳 벽산의 하늘과 땅이 아닌가!
사람과 사람이 얽힌 사이의 세상이 절대 아니다.
인간 세상과 선명한 대조를 이루는 순수하고 아름답기 그지없는 별천지여!
인간세상에서 불운과 상처를 반복했건만 시인은 결코 영혼을 더럽힌 적이 없다.
좌절 속에서도, 맑은 영혼은 영원히 숨 쉬는 천연의, 자연의 순박하면서도 반짝이는 아름다움을 발견하고 천진난만하게 황홀해한다.

  비록 짧은 순간이라 할지라도.

  명(明)대의 문학비평가인 이동양(李東陽)은 이 시를 담백하면서도 심오하다고 칭찬하면서 특히 3, 4구에 대하여 이 깊고 오묘한 뜻을 알 사람은 알겠지만 범부, 속인은 알기 어려울 것이라고 코멘트했다.

  나는 누구인가?

  어디에 속하겠어요?

산중문답
山中问答
shān zhōng wèn dá

문여하사서벽산
问余何事栖碧山
wèn yú hé shì qī bì shān

소이부답심자한
笑而不答心自闲
xiào ér bù dá xīn zì xián

도화유수요연거
桃花流水窅然去
táo huā liú shuǐ yǎo rán qù

별유천지비인간
别有天地非人间
bié yǒu tiān dì fēi rén jiān

(2) 送別　　　　　　송 별

王 維

下馬飮君酒	말에서 내려 술 따르며
問君何所之[1]	어디를 가는가 물었더니
君言不得意[2]	그대는 '뜻 하는 바 얻지 못하여,
歸臥[3]南山[4]陲	남산 기슭 돌아가 누우리' 하네.
但去[5]莫復問	떠나시오! 더는 묻지 않으리다.
白雲無盡時	흰 구름 어느 때나 다함이 없으리니.

이 시는 여섯 구로 짜여진 오언고시이다.

제목이 '송별'이라서 누구와의 이별이 주제인 듯이 보이나 그렇지 않다.

속세와의 이별이 더 강한 주제로 등장한다.

이 작품 역시 문답형식으로 짜여져 있다.

전송받는 상대가 누구인지 확실히 모른다.

한편 이 시에는 작자의 강한 의지가 배어 있어서 작자가 자문자답 형식을 취하여 간접적인 설법으로 이중적 구조를 선보이며 자신의 굳은 의지를 일인이역으로 나타내었다고 보기도 한다.

---

1 之 : 가다
2 不得意 : 뜻한 바를 얻지 못하다
3 歸臥 : 벼슬을 사양하고 자연에 돌아가 은거함
4 南山 : 종남산. 섬서성 서안 남쪽에 있는 산 이름
5 但去 : 가라는 뜻. 但은 去를 강조한 것

그러면 시구를 보자.

6句를 풀어 설명조로 써 보면,

나는 말에서 내려서 그대에게 술을 권한다.

그리고 나는 묻는다.

"당신은 어디로 가십니까?"

그대가 대답한다.

"뜻을 얻지 못해서요. 남산 기슭으로 들어가 누워 조용히 하늘 보며 살려구요."

내가 다시 말한다.

"아! 그러세요!

그러믄요 떠나세요. 어서가세요.

다시는 더 이상 묻지도 않을 테니까요.

다시 말할 나위가 있나요.

거기는 흰 구름 두둥실 언제나 어느 때나 끝나지 않아요.

영원히 하늘에 떠 있기 때문에 당신이 누워서 본다면 항상 볼 수 있는 곳이지요!

거기는 평화가 가득 차 있어서요, 당신이 불만족했던 부득의(不得意)는 절대 없지요.

흰 구름 끝없이 펼쳐지는 곳,

거기에 당신의 뜻이 있는 것,

나는 알아요."

2구에서 '어디를 찾고 있는가' 하고 물어보는 상대가 자신이

어도 타인이어도 좋다.

　만일에 타인이라면 자신이 추구하는 세상을 타인을 통하여 확인하고자 하는 시인의 의도가 실려 있으니까 상관없다.

　3구에서 '뜻을 얻지 못하여'를 생각해 보자.

　뜻(意)이 속세에서의 성공, 영화이겠는가?

　속세에서의 실패로 어쩔 수 없이 산속으로 들어가는 것일까?

　이때의 뜻은 속세에서 속인이 갖는 출세의 뜻으로 보아서는 안 될 것이다.

　속세의 출세에서 실패한 인간상이라면 이 시는 의경이 얕아 문학적 깊이의 아름다움이 천박해 질 수 밖에 없다.

　3句의 뜻(意)은 속세에는 내가 진정 원하는 뜻이 없다는 의미이다.

　의경을 좀 더 깊이 내다보자.

　그러면 내가 원하는 뜻은 무엇인가?

　남산 기슭, 즉 속세를 떠나 자연으로 돌아가겠다는 것이다.

　속세는 내가 원하는 정신적으로 자유로운 세상이 아니어서 산에 들어가 조용히 자연을 벗 삼아 누워서 넓고 넓은 하늘을 바라보며 살겠다는 뜻을 가지고 있다. 작가는 그 사람에게 박수를 친다. 더 묻고 답할 필요 없다고 하면서. 5구에서 어서 가라고, 정말 그렇다고 둘이 의기투합하는 모습의 구조는 작가의 의지가 강하게 상승하는 효과를 가지고 있다.

　이들의 뜻에 부합하는 세상의 경계는 어떠한가?

　6句에서 밝히고 있다.

그곳은 유한성을 가진 속세와는 다르게 영원성을 가진 상대적 세계이다.

흰 구름이 어느 때나 끝나지 않는 곳, 영원히 흘러가는 곳이다. 백운은 은일세계의 상징일 것이다.

때 묻은 세속과는 다르게 순결한 이상이 흘러간다.

넓은 창공 아득히 먼 곳으로 끝없이 떠돈다.

구름은 다 끝나 버리지 않는다고 작가는 강하게 말한다.

언제나 항상 그대의 마음과 정신을 풍요롭게 채워주며 영원히 흐른다고.

베고 있는 남산, 눈에 보이는 창공과 구름은 모두 그대의 것이고 또 작가의 것이기도 하다.

즉 우주가, 자연이, 영원한 것이, 깨끗한 것이 작가가 추구하는 세계인 것이다.

시의가 깊고, 운미가 넘치고, 말 밖에 함축된 뜻이 맑게 메아리친다.

왕유가 속세와 송별하는 모습이었다.

송 별
送別
sòng bié

하 마 음 군 주
下馬飲君酒
xià mǎ yǐn jūn jiǔ

문 군 하 소 지
问君何所之
wèn jūn hé suǒ zhī

군 언 부 득 의
君言不得意
jūn yán bù dé yì

귀 와 남 산 수
归卧南山陲
guī wò nán shān chuí

단 거 막 부 문
但去莫復问
dàn qù mò fù wèn

백 운 무 진 시
白云无尽时
bái yún wú jìn shí

(3) 鹿柴[1] 녹 채

王 維

空山[2]不見人	빈산에 사람은 보이지 않고
但聞人語響[3]	단지 사람 소리 울림만 들려온다.
返景[4]入深林	저녁노을빛 깊은 숲속 들어와
復照靑苔上	파란 이끼 위에 다시 내려앉는다.

왕유의 앞 시는 속세와 송별하는 순간을 포착하여 그림으로써 왜 속세를 등지는지 그 이유에 대한 답변이었다. 희망처럼 떠도는 흰 구름을 쫓아 홀연히 자연의 곁으로 이상을 그리며 떠나갔었다.

그렇다면 지금부터 소개하는 두 시는 인간이 사는 속세를 떠난 이후에 왕유는 어디로 가서 어떤 생활을 하고 있었는지를 내보이는 작품들이다.

왕유는 젊어서도 장안의 동남쪽, 망천이란 곳에 자주 드나들며 산수의 아름다운 자연을 노래하고 그림으로 그리기를 좋아하더니 드디어 마흔 살이 넘자 관직을 버리고 종남산에서 은거의 생활을 하게 된다. 날마다 친구 배적(裴迪)과 강가에서 배를

---

1 鹿柴 : 사슴을 기르는 울짱. 여기서는 망천 20경 중의 하나인 지명 왕유가 은거하던 곳
2 空山 : 속세의 기운이 없는 산. 공적한 산
3 人語響 : 사람의 말소리가 울려 들림
4 返景 : 반사된 햇빛, 석양 빛

타고 왕래하기도 하고 시를 지어 화답하기도 하며 쾌적한 생활을 보낸다.

이때에 지은 왕유의 전원산수시는 고도의 예술성을 지닌 시로 평가 받는데, 청(淸)대의 시인이며 문학평론가인 왕사진(王士禎)이 신운설(神韻說)을 주장하면서 중국 최대의 시인과 시를 왕유로 보고 신운설의 종주(宗主)로 삼았다.

이 작품 〈녹채〉는 〈망천집〉 20수 중에 제4편인데 망천집에 실려 있는 오언절구는 모두 산수시의 대표작으로 꼽히고 있다.

왕사진은 망천집의 절구를 "매 글자가 모두 선의 경지에 들어가 있다.(字字入禪)"고 평하며 시선일치(詩禪一致)의 오묘한 깨달음이 시도(詩道)라고 말했다.

자!

그러면 망천의 한 곳 〈녹채〉를 읊은 시의 작품으로 들어가자.

녹채는 사슴울타리라는 뜻으로 지어진 이름이다. 종남산 안에 사슴을 기르는 농장이 있는 곳이었다.

1, 2句를 보자

우선 1句의 빈산을 상상해 보자.

空山은 어떤 산 일까?

왕유의 시에는 空山이 자주 등장한다.

공산은 비었고 넓고 정적이 흐를 것이다.

이런 산은 당연히 속세와는 단절되어 있고 신비감이 감돌 것이다.

왕유의 공산은 그가 사랑하는 자연의 이상적 경계를 암시할 때 자주 쓰이는 시어이다.

여러분도 그렇게 생각했나요?

그럼 시로 와서,

이처럼 속기 없는 산에 사람은 보이지 않는다고 묘사했다.

정태(靜態)의 묘사로써 대단히 한적한 산 속임을 암시한다.

2구를 보면,

단 사람의 울음소리만이 들려올 뿐이란다.

이로 볼 때 완전히 인간세상을 거절하고 인간을 단절하고 있는 깊은 산속 심산유곡은 아니고 자연과 친화하는 한 부분으로 인간이 속기 없이 존재하는 한가하고 조용하고 깨끗한 산인 듯하다.

너무나 조용해서 사람의 소리가 울림으로 퍼졌다가 다시 한적해지는 모습이다.

사람의 소리는 마치 새 소리처럼 아름다운 자연의 소리를 내더니 이내 잠잠해지는 듯하다.

아마도 나무꾼이나 촌노인네 였으리라.

도회의 때가 묻지 않고 순박하기 그지없는 산 사람이리라.

대자연의 일부분으로 등장하는 사람의 모습이다.

산은 다시 적막감이 흐른다.

2句는 1句와 대비를 이루며 동태(動態)의 묘사로 반전되면서 靜의 景을 그리고 있다.

후반부인 3, 4句를 보자.

반사된 햇빛, 석양의 노을은 깊은 숲속까지 찾아왔다.

그리고는 다시 숲속을 뚫고 어두운 숲 사이에 있는 푸른 이끼를 가만히 비추어 주고 있다. 한 줄기 빛이 되어 맑고도 밝게.

한 폭의 그림이다.

그래서 소동파는 시 속의 그림(詩中有畵)이라고 칭찬했다.

1, 2句가 청각적 호소라면 3, 4구는 시각적 호소로 대비시켰다.

1, 2句는 소리이고 3, 4구는 색이다.

또 3, 4句 안에서는 맑은 햇살과 숲의 어둠을 대비시켜 자연의 신비한 조화를 이룩하고 있는 경계의 모습을 그리고 있다.

지는 저녁 한 찰나의 현상을 포착하여 순간의 정태미(靜態美)를 나타낸 것이다.

이는 왕유가 심취하고 있는 자연의 경지일 것이다.

인간의 모습이 대 자연의 일부분으로 융합하여 하나의 세계를 이루는 경계.

이것이 왕유가 그리는 이상세계이다.

인간조차 객관적 입장에서 자연현상중의 하나인 物로 보아 관찰되는 경지, 이것이 곧 왕유가 그리려는 시의 경계이다. 이는 다른 말로 간단히 표현하면 무아의 경지(無我之境)라고 말한다.

녹채
鹿柴
lù zhài

공산불견인
空山不见人
kōng shān bù jiàn rén

단문인어향
但闻人语响
dàn wén rén yǔ xiǎng

반영입심림
返景入深林
fǎn yǐng rù shēn lín

부조청태상
复照青苔上
fù zhào qīng tái shàng

(4) 竹里館[1]   죽리관

王 維

獨坐幽篁裏[2]   깊은 대나무 숲 속에 홀로 앉아
彈琴復長嘯[3]   거문고 타다가 길게 휘파람 분다.
深林人不知   깊은 숲 속 사람들은 알지 못하나
明月來相照   밝은 달이 찾아와 비추어 주네

이 시도 역시 망천 산속에서 은둔생활을 할 때의 작품이다.

제목에서 보듯이 종남산 별장의 깊숙한 곳에 위치한 대나무 숲속의 작은 별채〈죽리관〉에서 어떤 일이 일어났는가?

왕유의 모습을 보자.

1, 2구에서 보면 시인은 그윽한 깊은 대나무 숲속에 혼자 앉아있다.

무얼 하는가 보니까, 거문고를 뜯으면서 또 흥이 나면 노래를 부르다가 또 길게 휘파람도 불어 댄다.

왕유는 시인의 직함 말고도 그림을 잘 그리는 화가이여서 그의 그림 속에는 시의(詩意)가 숨어있고 그가 그린 산수수묵화는 남종화법의 조종(祖宗)으로 받들어진다.

그는 시와 그림만 잘 하는 사람이 아니고 또 음악에도 달인이

---

[1] 竹里館 : 망천 부근의 왕유의 별장(대나무 숲 속에 위치하여 붙여진 이름)
[2] 篁裏 : 대나무 숲 속
[3] 長嘯 : 긴 휘파람 소리

었다.

산속에서 혼자 악기타고 노래를 부른다.
스스로 택했고 또 좋아서 마음껏 기량껏 노래 부른다.
옆집 아이 깰까 걱정할 필요도 긴장할 필요도 없다.
그냥 내심의 흥취대로 놀면 된다.
누구에게 들려주려고 애 쓸 필요도 없다.
스스로의 한적한 심정을 편안한 마음으로 노래하면 그뿐이다.
대상이 인간이 아니다.
시인은 자연의 일원(一員)이다. 마음속 깊이 자연을 닮은 자신의 심성을 읽고는 그윽하고 한적한 자연 속에서 유유자적한 내심을 노래로 나타낼 뿐이다.
시인의 행위는 대나무 숲속의 하나하나 자연이 갖는 행위의 일부분일 뿐이요, 함께 공유하고 조화하는 자연의 아름다움중의 하나를 표현해 내는 행동이다.
후반부 3, 4구를 보자.
때는 밝은 보름달이 훤히 비추이는 밤이었다.
깊은 숲속이라 사람들은 알지 못한다.
아니 오히려 사람들은 이 산속의 삶을 이해하지도 못하고 또 이해하려고도 마음먹지도 않는 쪽일 것이다.
속세가 한껏 즐거운 사람은 도무지 이해가 가지 않을 것이다.
왕유의 정신세계를…
이 쓸쓸하고 적막하고 고독해 보이기만 하는 산속 정경을…
그러나 시인은 자연과 교감하고 함께하는 내면세계의 활동을 속인들의 생활보다 더 가치 있는 것으로 판단하고 있다.
  시인은 오히려 자긍심을 갖고 있다. 이곳은 속인 아무나 들어 올 수 없는 곳으로 정신적 평안함을 얻고자 하는 사람만이 있을 수 있는 곳이고 맑은 정신의 소유자만이 느낄 수 있는 세계라고.
  왕유는 바깥경치와 내심의 정서가 융합하여 일체를 이루어서 조금의 간격도 없는 정신 상태를 유지하고 있다.
  그러므로 밝은 달만이 이를 알고 찾아와 조용히 응답하며 미소 지으며 밝혀주고 있는 것이다.
  정과 경이 융합한 경지이다.
  이의 경지는 이미 고독하다거나 처량한 경지와는 별도의 세계이다.
  이미 정신의 세계는 인생의 슬픔과 기쁨을 다 포용하는, 아니 그를 넘어서서 영원한 자연을 체험하는 경지이다.
  시의 어느 글자를 들여다보아도 희로애락의 인간적 정서를 나타내는 단어는 찾아 볼 수가 없다. 무심할 정도로.
  '진리는 단순하고 평범한 것'을 증명하듯이 시인 왕유가 선택한 언어는 극히 평범하기 그지없다. 달과 숲과 대나무, 거문고 뿐이며 행위는 혼자앉아, 악기 타고 노래 부르기가 끝이다.
  아주 평범한 표면적 외형을 갖추고 있다.
  그러나 모든 정황을 합치면 경계는 영원한 무궁의 세계로 향한다. 이의 수법이 왕유시의 특징인데, 이로 인하여 함축으로 오는 여운에서 얻어지는 예술적 매력이 시의 풍격을 높여주고 있는 것이다.

자연스러운 구성이나 우아함과 엄숙함을 씹을수록 제공하는 시의 특징을 가지고 있다.

죽리관
竹里馆
zhú lǐ guǎn

독좌유황리
独坐幽篁里
dú zuò yōu huáng lǐ

탄금부장소
弹琴复长啸
tán qín fù cháng xiào

심림인부지
深林人不知
shēn lín rén bù zhī

명월래상조
明月来相照
míng yuè lái xiāng zhào

제12강

산이 나를 부른다

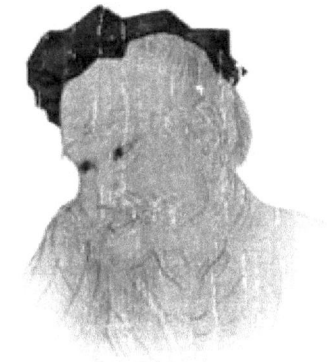

인자한 사람은 산을 좋아하고 지혜로운 사람은 물을 좋아한다는 것이 공자의 헤아림이다.
어진사람이 아니어도 산에 오르면 마음이 한 단계 업그레이드된다.
이것이 산의 매력이리라.
세상에 박혀서 좁은 시야의 작은 내 주위의 생각밖에 할 수 없었던 것은 일상을 사방의 벽에 둘러싸여 생활하는 환경 탓도 있으리라.
어쩌다 산에 오르면 참 좁은 공간에서 좁은 생각으로 있었던 것이 부끄러워지니 말이다.
그리고는 세상 문제가 아주 작고 시시해보이기 시작한다.
그런 후에 심신은 광활하고 자유롭고 신선하고 경쾌해진다.
그러면 통 큰 우주인이 되어 세상일을 망각하고 대자연을 날아다니며 우주를 포용하는 슈퍼맨이 된다.
아마도 탁 트이고 광활하고 막힌 것 없이 높은 곳에서 아주 낮고 조그맣게 보이는 내가 사는 세상을 바라보게 되니까 덩달아 시야가 끝없이 넓어지고 마음도 한량없이 풍요로워져서 영겁을 껴안는 것인지도 모르겠다.
그대는 산을 좋아하시나요?
혹은 물을 좋아하시나요?
산에 올라 명상하는 두 시인의 모습을 보라.

(1) 獨坐敬亭山[1]　　경정산에 홀로 앉아서

李 白

衆鳥高飛盡	뭇 새는 높이 날아 사라져버렸고
孤雲獨去閒	외로운 구름 한 조각 천천히 떠내려가네.
相看兩[2]不厭[3]	서로 바라만 봐도 둘 다 싫어지지 않는 건
只有敬亭山	오직 하나 경정산뿐이노라.

이 시는 천보 12년(753) 가을 시인이 선주(宣州)에 유람 갔을 때 지어진 작품이다.

이때는 작가가 모함 받아 장안을 떠나 유랑의 생활을 한 지 약 10년이 지났을 때이다.

선주는 육조시대 이후로 강남의 유명지였고, 특히 이백이 좋아하던 육조 때 시인 사조(謝朓)가 이곳의 태수로 지낸 곳이기도 하다.

이백은 이곳을 일생동안 일곱 번이나 찾아왔을 만큼 그곳 풍경을 좋아했다.

10여 년 동안 장기간에 걸쳐 떠돌이 생활을 하면서 이백은 정치적 아픔으로 인하여 인간에 대한 혐오감과 세태의 냉랭함을

---

1 敬亭山 : 안휘성 선성현 북쪽의 명산. 옛날 이름은 소정산(昭亭山)
2 兩 : 이백과 경정산
3 厭 : 싫어하다

체험하게 된다. 인간세상에서 때를 만나지 못한 고독감과 적막감을 스스로 추슬러야만 했다.

　여기에 자연으로부터 위로받고 싶어 하는 시인의 애절한 간구(懇求)가 있다.

　어떠한 방법으로 자신을 달래며 위안 받게 되는 것인지,

　시인은 진지하게 산과 일대일로 대화를 나눈다.

　1, 2구를 보자.

　전반부는 경의 묘사이다.

　단순히 눈앞에 전개된 풍경의 묘사 인양 보인다.

　그런데 자세히 보면 묘사의 경은 산이 아니고 하늘이다.

　시인은 경정산에 홀로 앉아서 주위를 평행면으로 바라보거나, 혹은 아래로 펼쳐진 경치를 내려다 본 것이 아니고 머리를 들고 멀리 하늘을 본다.

　우리는 언제 머리 들고 하늘을 보는가?

　현실을 도피하고 싶을 때?

　세상이 꽉 막힌 듯 가슴이 답답할 때?

　원대한 희망에 부풀 때?

　지나간 먼 과거를 회상할 때?

　떠나간 그리운 이를 그릴 때?

　이럴 때 우리는 멀고 먼 하늘을 본다.

　하늘을 바라본 경과와 결과가 1,2구에 나타나 있다.

　모든 새들은 높이 날아 다 사라져 버렸다. 이는 動을 靜으로 표현하는 수법이다.

하늘에 날던 새들은 이미 종적의 자취를 감추었다.

아마도 이백은 낮으로부터 저녁의 어둠이 깃들어 새들이 모두 둥지로 돌아가는 때까지 산에 앉아 있었던 듯하다.

진(盡)이라는 시어가 정적의 하늘공간을 구축하고 있다.

한데 외로운 구름 한 조각 홀로 천천히 떠 흘러 내려가 버렸고 이제는 아주 한가로운, 한산한(閒) 하늘이다. 높고 빈 하늘이다.

구름의 동태가 시야에서 사라지고 구름 한 점 없이 정적만 가득한 어둠 깔리는 순간의 공간적 묘사이었으리라.

시인은 이미 산 위에서 머물며 깊이 사색에 잠겨 시간을 마냥 흘려보내고 있었던 흔적이 역력하다.

1句의 묘사에서 이미 시간적 경과를 내재적 형태로 압축하여 나타내고 있고

2句의 마지막 구름 한 점의 행태 역시 좀 더 이어지는 시간적 경과를 내재하고 있다.

결국은 모든 것이 다 떠나버린 산이다.

작가는 어떤 심정이었을까?

만일 내가 높은 산에 올라 그림자 하나 없이 모든 것이 가 버린 후 정적만이 감도는 텅 빈 산의 바위에 홀로 앉아 있다면 어떤 심상을 가지게 될까?

한번 상상으로 짐작하여 보편적으로 언급해 본다면,

외롭고 쓸쓸할 것이고,

얼마 만큼이냐면,

말할 수 없는 고독감이 극치에 이르는 상황일 것이다.

맞나요?

더 적합한 형용은 여러분이 찾아봅시다.

그러면 이백의 구체적 심상으로 들어가 봅시다.

왜 하필이면 산에서 경치의 주된 소재가 뭇 새와 외로운 구름의 설정이었을까?

만일 우리가 景중에 있는 시인의 情을 읽어보고자 노력한다면 뭇 새와 외로운 구름의 상징성을 찾아나서야 한다.

뭇 새는 많은 무리들일 것이다.

이백의 주위에 있던 보아온 사람들일 것이다.

그들의 행동은 어떠한가?

아주 높이 날아간다는 표현에서 고자세임을 알 수 있고 세상 속으로 득의에 차서 떠나버린 그들이 아닐까?

외로운 구름 하나 고운(孤雲)은 외롭게 버티며 마지막 남았던 지기(知己)가 아닐까?

그러나 그마저 그의 곁을 떠나 버렸다.

아마 이때쯤 거의 캄캄해 졌으리라.

그러나 전반부 두 구에 시인은 자신의 심정을 드러내 보이지 않았다.

그냥 독자로 하여금 시인의 가슴을 느끼게 만들고 있을 뿐이다.

장면을 한번 깊이 상상해 보라!

어떻게 이렇게 가슴저려올 수 있겠는가!

세상에, 외딴, 돌아갈 수 없는 무인도에 홀로 서 있다는 것과 무엇이 다른가!

그러나 시선 이백은 우는 소리를 하지 않는다. 절대로! 안 되지! 시는 후반부로 달린다.

3, 4句를 보자

서로(相), 둘(兩)의 시어가 중복으로 쓰이며 시인이 얼마나 간절히 자기를 위안하는 상대를 찾기에 목말라 하는가!

무정한 것들!

날 버리고 다 떠나가고

난 어떡하라고

결국에 나는 발견했다. 찾았다고.

서로 쳐다만 보아도 둘·쌍방이 싫어하지 않고 영원히 나를 떠나지 않고 함께 해주는 것을.

그것은 오직하나 묵묵히 바라보는 산이었다.

경정산!!

변하지 않고, 내 옆을 지키는 아주 든든한 후원자,

그것은 말없이 말하며 따뜻하게 위로하는 산이었다.

경정산의 이미지에 대하여 조금 생각해봅시다.

어둑할 무렵 산은 너무나 선명한 모습을 커다란 덩치 채 드러낸다. 아주 묵직하게.

영원히 요동하지 않고 그 자리에 천년만년 지키겠노라는 듯이.

나약하고 불안하고 시시각각으로 움직이는 심신(마음과 육체)을 가진 인간과는 아주 대조적이다.

경정산은 시인의 다정한 친구이자 또한 그의 마음속에 자아로 꿈틀대는 자신의 반영인지도 모른다. 굳건하고 변하지 않고

늠름한 모습은 마치 드높은 자긍심의 자신을 닮았다고 생각했으리라.

변하지 않는 나의 영원한 친구, 경정산!

어쨌든 이백이 세상에 홀로 하는 고독감으로부터 탈출하며 위안 받는 물체는 인간의 위로가 아니요 자연이었고, 이는 경정산의 움직이지 않는 고정의 자태로부터 위안 받게 되었던 것이다.

산을 보며 이백은 완전한 위로를 받고 대만족하는 심상일까?

나를 이해하는 것은, 나를 믿는 것은 산이로구나!

인간은 무정해도 산은 따스한 마음의 정을 간직하고 있구나!

한데 독자인 우리는 그래도 그의 고독감이 떨치어지지 않는다고, 그는 계속 고독감에 잠겨 있다고 말한다면,

그렇다면 1, 2句의 고독감을 3, 4句에서 어떻게 처리했다고 느껴지는지 써보도록 합시다.

아울러 인간의 최상의 고독감은 어떤 것이며 내가 체험한 최고의 고독감은 어떤 것이었는지 밝혀봅시다.

이작품은 서정적 구도가 고차원적 수법으로 처리되어 있다.

찬란한 수식을 배제하고 감정을 노출시키지 않았으나 그 상상의 경계를 무궁하게 펼치게 만들어 읽는 독자로 하여금 짙은 슬픔의 여운에 빠지게 한다.

시의 구성은 매우 단조로운 듯하나 신비의 경계를 창출해 내는 효과를 갖춘 작품이라고 할 수 있다.

독좌경정산
独坐敬亭山
dú zuò jìng tíng shān

중조고비진
众鸟高飞尽
zhòng niǎo gāo fēi jìn

고운독거한
孤云独去闲
gū yún dú qù xián

상간양불염
相看两不厌
xiāng kàn liǎng bù yàn

지유경정산
只有敬亭山
zhǐ yǒu jìng tíng shān

(2) 山居秋暝[1]　　산속의 가을 저녁

王　維

空山新[2]雨後	빈산에 산뜻 비 뿌리고 나니
天氣[3]晚來秋	저녁 날씨는 가을 기운이 감돈다.
明月松間照	밝은 달빛 솔 사이를 비추고
淸泉石上流	맑은 샘물 돌 위에 흐른다.
竹喧[4]歸浣女[5]	빨래터 여인들 돌아갈 새 대숲이 소란하고
蓮動下漁舟	고깃배 내려가니 연잎이 요동친다.
隨意[6]春芳歇	천지의 조화 따라 봄 향기 사라진다 해도
王孫[7]自可留	왕손은 스스로 머물러 있으리이다.

　이 시 역시 망천에 있는 별장에서 지어진 시이다.
　경물의 모습을 한 구 한 구 새기며 한 폭의 그림을 연상하며 보아야 할 것이다.
　이 작품은 산수시의 명편으로 꼽힌다.

---

1 秋暝 : 가을 저녁. 暝은 일몰, 황혼의 뜻
2 新 : 금방, 막
3 天氣 : 날씨
4 喧 : 시끌시끌한 소리, 竹喧은 대숲 속에서 들려오는 떠들썩한 소리
5 浣女 : 빨래하는 아낙네
6 隨意 : 자연의 뜻을 따르다.
7 王孫 : 제왕의 자손(유유자적한 생활을 하는 자) "楚辭"에서 인용함. 여기서는 작자, 왕유가 스스로를 지칭함.

작가가 그린 그림 속에는 작가가 의도한 뜻과 정이 알알이 새겨져 있다.

1구부터 8구까지 한결같이 작가의 고결한 감성과 그가 추구하는 이상적 경계가 흐르고 있다.

언어의 구성은 매우 담백하고 소박한 평상어로 엮어져 있다.

그러면 1연부터 보자.

역시 시인이 이상적 세계라고 생각하며 자주 시어로 등장시키는 공산으로 시작되고 있다.

속기가 없고 맑은 정기가 흐르는 산에 막 비가 내렸다.

얼마나 깨끗해졌으랴!

얼마나 신선한 공기가 흐르랴!

얼마나 산뜻해 보일까?

때의 설정은 저녁이다.

저녁이 되자 날씨는 조금 쌀쌀해졌다.

시인은 '아! 가을이 왔구나' 하고 느낄 정도로 표현한 것으로 보아 초가을을 접하는 시기이다.

산은 비에 씻긴 뒤 저녁이 되니까 서늘한 기운으로 감싸이게 되었다.

만물은 신선하고 찬 기운 도는 맑은 초가을 저녁, 시인은 엄숙하고 숭고한 산과 나무를 바라보며 진지하고 숙연한 명상에 잠겼으리라.

그리고는 자연을 찬미하며 자신도 모르게 자연과 점점 동화하는 순수하고 고결한 마음의 자신을 발견하였으리라.

정적이 감도는 고요한 가을 경치를 깔고 있다.

3, 4구를 보자.

과연 화가답다.

화가 왕유가 경치를 바라보며 포착한 소재와 그것을 화선지에 담은 구도를 보라.

뛰어난 관찰이다.

신운이 감도는 그림이요. 시구이다.

신운설을 주장하는 사람들은 이 함련을 무아의 경지, 자연합일의 경지라 하여 최상의 절묘한 시구라고 칭찬한다.

밝은 달빛은 소나무 사이를 비추이고,

맑은 골짜기 샘물은 돌 위를 흘러내린다.

3구의 색채를 보자.

소나무, 성품이 본래 고결한 이 나무는 푸른빛이다.

산의 하늘은 이미 어둠이 깔렸을 테고 달은 밝은 달이니 하얀 빛을 은은히 내뿜으며 푸른 솔 사이에 내려앉았을 것이다.

정적의 경물 묘사로 고도의 품격을 갖춘 심오한 자연미를 나타내고 있다.

4구에서는 動態와 소리로 전환하며 경물이 신비로운 자연미를 내뿜으면서 율동하고 있다.

이 구에서 우리는 지금껏 정적과 고요가 흐르던 분위기에 시인은 움직임과 자연의 노랫소리를 첨가시키는 변환의 구성법을 시도하고 있음을 볼 수 있다.

청각적 효과의 수법으로 전환되면서 경물은 고요한 움직임의 자태를 갖춘 우아한 아름다움으로 나타나 조화하는 자연의 일부분을 형성하고 있으며 자연의 전체적인 분위기를 신비한 생명으로 소생시키고 있다.

맑은 물이 골짜기 따라 돌 위에 흐를 때에 그 물길은 어스름 달빛을 받아 살짝, 그리고는 아주 작게 반짝이고 있었으리라.

샘물의 노래는 고전음악의 가는 바이올린 현처럼 고고하고 청결하게 흘러서 자연의 노랫소리는 이미 속기의 노래와는 달리 최상의 음악으로 조용히 신비로움을 발하고 있었으리라.

이는 얼마나 아름다운 자연의 모습인가!

단지 열 개의 글자를 배열하여 숭고하기 그지없는 자연의 질서와 조화의 아름다움을 이렇게 깊이 읊고 있다.

자연에 영원히 죽지 않는 활기찬 생명력을 부여하면서.

이처럼 찬란하지도 않고 눈에 띄지도 않는 조용한 자연의 경관을 다만 바라볼 뿐인데 깊이 숨어 있는 숭고한 뜻을 소박한 표현 속에 나타낼 수 있는 예술적 역량은 어디에서 오는가?

이는 평소에 그가 닦은 성품과 성향에서 오리라.

모든 사람의 눈에 어찌 쉽게 발견될 수 있고 표현할 수 있는 것이겠는가?

이의 자연미는 고결한 시인의 인격미이고 더 나아가 그가 늘 이상으로 품어오는 사회, 이상적 생활의 아름다운 경계를 대표하고 있다.

심지가 고결한 현자나 은사가 꿈꾸는 이상적 세계가 아닌가!

시인 왕유는 산수의 묘사를 통하여 시 속에 그가 평시에 품어

온 인생의 삶에 관한 자신의 신념을 말하려는 데에도 커다란 의도를 보이고 있다.

이는 후반부의 묘사에서 더 강하게 나타나고 있다.

5, 6구를 보자.

중심은 자연에 있다.

커다란 질서와 조화를 이룬 자연의 테두리 안에서의 작은 현상을 조각하고 있는 작가의 마음을 읽어야 한다.

결코 인간이 중심이 아니고 인간은 자연의 일개 물(物)일 뿐이다.

그림을 그리려면 그림 속에서도 여기에 등장하는 남녀가 커다랗게 중심인양 그려져서는 안 된다.

왜냐하면 중심이 대나무의 웅성거림과 연꽃의 움직임에 있도록 왕유가 시구를 의도했기 때문이다.

경련을 풀어 쓰면 이렇다.

대나무 숲속에서 소리가 나고 왁자지껄 한바탕 떠드는 소리가 들려와서 가만히 들어보니까 냇가에서 빨래하고 저녁 되어 집으로 돌아가는 시골 아낙네들의 말소리였다.

청각적 효과를 내고 있어서 6구의 시각적 묘사와 대비로 구성되었다.

우선 이 집으로 가는 아낙네들은 어떤 여인상일까?

잠시 여러분 생각할 짬을 주려고 6구를 설명한다.

여기에서도 의도의 중심은 자연의 현상에서 맥락을 찾아야 한다.

중심은 연꽃이다.

시인은 눈을 돌려 계곡을 내려다보니 물줄기 따라 연잎이 흔들려 움직이며 무언가가 내려가고 있었다. 움직임을 따라 눈길을 주다보니 이는 고기를 잡고 귀가하는 어부들이 탄 고깃배 때문이었다.

연잎과 고깃배와 어부는 서로 자연스럽게 도와주는 관계이다. 자연의 한 부분으로서의 역할을 하는 것이다.

그리고 셋이 모여 아름다운 화합을 만들어내고 역동하는 자연의 한 형상을 창조하고 있는 것이다. 사심 없이 협조하고 함께 노래하는 본연의, 천연의 청순한 자연의 모습인 것이다.

그러면 어부의 모습은 여러분의 마음속에 어떻게 새겨졌으며 그림 속에 어떤 이미지로 자리 잡아야 할지 결정했는지요?

먼저 아낙네.

이들은 시골 여인들이라 교양 있게 소곤거리지 못하고 자연 그대로 순박하게 태어난 그대로 말할 뿐이다.

순수하기 그지없는 자연인의 대표이다. 인위적인 속세의 때가 묻지 않은 천진난만한 여인들이다.

여기의 어부들은?

이들 역시 자연의 섭리에 따라 지어진 대로 생활을 영위하는 자연인이다.

아마 이들은 고기를 많이 잡았으면 많은 대로 적으면 적은 대로 저녁 되면 반사적으로 귀가하려 배를 저어가며 흥겨운 노래를 부르리라.

여기에 등장하는 여인과 남정네는 인위적 가식이 없는 또 근심걱정이 필요 없는 선량한 사람들로 보아야 할 것이다.

이것이 왕유가 의도하는 뜻일 것이다.

이는 자연의 주체에서 바라다 본 인간의 이상적인 모습이며 동시에 시인이 바라는 인간상이다. 한편으론 인간이 빠진 자연은 완전한 자연이 아니다.

사람의 소리와 형상이 들어가서 더 아름답고 완벽한 자연의 모습이 되리라.

인간과 物이 연결되고 커다랗게 하나의 자연이라는 테두리에서 신이 준 각자의 역할을 충실히 해내는 모습이 영원히 이상적인 자연의 상태요 이는 곧 왕유가 실현 하고 싶은 문학상의 예술경계에 해당되리라.

아낙네와 어부는 평화로운 자연의 한 율동이었다.

그러면 마지막 연인 7,8구를 보자

뜻에 따라(隨意)라는 시어의 뜻은 누구의 뜻인가?

이는 자연의 순환, 섭리, 진리, 질서에 해당한다.

대자연의 뜻에 따라서, 지금은 가을이니까 봄 향내를 뽐내던 꽃과 나무들이 그들의 수명을 다해서 이제는 시들고 떨어지고 없어진다고 해도 나 왕유는 스스로 원해서 기꺼이 이곳에 머무를 거라고 노래하고 있다.

자연의 의지로 자연스럽게 계절의 변화에 순응하여 봄 나무가 진다한들 그것이 무슨 대수란 말인가.

봄 가면 여름오고 여름가면 가을오고 또 겨울오고 그리고는 또 봄이 오리라.

 이는 대자연의 자연스럽고도 당연한 순환의 질서가 아닌가!

 소생과 죽음까지도 즐겁게 받아들이는 물아일치의 경지, 관조의 상태를 경험하고 있는 작가의 초월적 인격이 반영되어 작품에 나타나고 있다.

 이 시의 정조(情調)는 결코 쓸쓸함, 비애, 고독, 외로움과는 차원이 다르다.

 이와는 정반대로 한적하고도 유유하고 고결한 영혼이 숨 쉬고 있다.

 영원히 이상적인 세상을 체험하는 찰나에 느끼는 환희로부터 오는 황홀한 경물의 아름다움을 선보이는 작가의 의도가 전체 화면을 꽉 채우는 구성으로 창작되어 있다.

 시는 動과 靜의 경물을 적소에 배합시켜 자유롭게 우아한 곡선을 그리면서 약동하는 자연의 활동세계를 풍요롭게, 힘차게, 당당하게 독자에게 보여주는 역량을 발휘하고 있다.

 이는 물론 왕유가 꿈꾸었던 이상경계의 환경이요 생활이었다.

산거추명
山居秋暝
shān jū qiū míng

공산신우후
空山新雨后
kōng shān xīn yǔ hòu

천기만래추
天气晚来秋
tiān qì wǎn lái qiū

명월송간조
明月松间照
míng yuè sōng jiān zhào

청천석상류
清泉石上流
qīng quán shí shàng liú

죽훤귀완녀
竹喧归浣女
zhú xuān guī huàn nǚ

연동하어주
莲动下渔舟
lián dòng xià yú zhōu

수의춘방헐
随意春芳歇
suí yì chūn fāng xiē

왕손자가류
王孙自可留
wáng sūn zì kě liú

제13강

덧없는 인생살이

'호랑이는 죽어서 가죽을 남기고
사람은 죽어서 이름을 남긴다.'
라는 속담이 있긴 하지만, 이름을 남기기 위해서 사는 사람은 과연 세상에 얼마나 있을까?
한세상.
이름 없이 살다가 이름 없이 죽는다 해도 인생의 가치를 저울에 달아 무게를 단다면 모두 똑같은 수치에서 머물리라.
빛나는 그 이름들.
부귀와 명성 그리고 영화와 권세.
우리는 살아서 힘차게 달린다.
꿈꾸고 계획하고 실행하고 채찍질하며 달리고 또 달려간다.
그렇게 한참을 뛰다가 뒤돌아보면 아무 흔적도 없이 힘만 소모했을 뿐 제자리에 머물고 있는 자신을 발견할 때가 어찌 그리 많은지!
목적지가 어디였더라?
왜 그리 뜬 구름을 잡으려고 허둥대나 자신에게 반문해 보기도 한다.
우리는 어디를 향하여
무엇을 위하여
그처럼 피 흘리는 투사가 되어야만 하는 것인가?
잠시 쉬어가면서 명상해보자.
우리는 언젠가 이 지상을 떠날 때 일생동안 공들여 쌓아올린 부귀와 영화의 축적을 내려놓아야 한다.

어느 누구나 예외는 없다.

그렇다면,

속세에서 찬란했던 부귀의 무게가 더 클수록 내려놓을 때 소리가 더 요란스럽고 아프지 않겠는가.

반대로 아무것도 없는 사람은 내려놓을 것이 가벼워서 훨씬 홀가분한 심정이리라.

그러니까 바람처럼 살다가 바람처럼 사라질 때 가장 작은 고통을 감당하리라.

공평하게도.

쌓아올리고,

허물어지고,

또 쌓아올리고…

여기에 생이 저물어 갈 때 삶을 뒤돌아보는 두보의 심상을 읽어 보면서 생이 자주 우리를 속일지라도 조금만 상처받자.

(1) 江南¹逢李龜年²　　강남에서 이구년을 만났을 때

杜甫

岐王³宅裏尋常⁴見	기왕의 저택에서 항상 보았었고
崔九⁵堂前⁶幾度聞	최구의 뜰 앞에서도 몇 번을 들었었는데…
正是江南好風景	때마침 강남은 참 좋은 풍경
落花時節又逢君	꽃 지는 시절에 또 다시 그대를 만났구려.

　이 시는 대종(代宗)대력 5년(770)에 지어졌다.

　770년은 두보가 생을 마감하는 해에 해당되기도 하는데 이 해 봄 담주(潭州)에서 지은 시이다.

　칠언 절구인 이 시는 두보가 지은 칠언절구 중에 가장 최후에 지어진 시편으로 전해지며 또 대표작이기도 하다.

　두보는 768년에 비교적 편안한 생활을 영위했던 사천의 성도 완화계를 떠나 다시 유랑의 길을 떠난다.

　그리고는 장강을 따라 내려와 호북지방을 떠돌다가 호남을

1　江南 : 양자강 하류의 남방 湖南의 연담 근처
2　李龜年 : 현종 때의 가수. 현종의 총애를 얻어 호화로운 생활을 누림
3　岐王 : 현종의 동생 이범(李範)
4　尋常 : 늘 상, 평상시
5　崔九 : 최척(崔滌)이라는 귀족. 九는 항렬로 형제들의 나이에 따라 차례를 매기는 당나라 습속
6　堂前 : 대청 앞뜰. 꽃과 나무가 있는 정원

거쳐 770년 봄에 지금의 장사(長沙)인 담주로 왔다. 당시에는 장강, 상강(湘江)일대를 강남으로 통칭하여 불렸기 때문에 담주에서 지어진 이 시는 강남으로 표현되었다.

　이 시는 스물여덟 자 밖에 글자를 사용하지 않았지만 당시의 풍부한 시대 상황을 개괄하고 있어서 국가의 번성과 몰락은 물론이고 자신의 혈기시절과 노쇠시절의 격변상황에 대한 감회가 함축성 있게 표현되어 있다.

　담담한 시어의 배치에도 불구하고 인생, 그리고 시대와 나라에 대한 상전벽해의 감회가 독자에게 끝없는 여운으로 와 닿아 깊이 심금을 울리는 시이다.

　먼저 시의 제목에 등장하는 이구년은 누구인가?

　일찍이 당 현종시대에 궁중악사를 지낸 유명가수이다.

　그는 당이 낳은 최고의 명창으로 현종의 극진한 대우를 받았던 사람이다.

　당 개원 중에 이구년, 팽년, 학년 삼형제는 모두 예술적 재능을 갖추고 있었으니. 팽년은 춤을 잘 추었고 학년, 구년은 노래를 잘 불렀다. 아울러 총명과 기지를 함께 갖추고 있었다. 특히 동도(東都)였던 낙양에는 이구년의 저택이 있었는데 그 호화로움이 공후(公侯)를 능가한 낙양에서 제일가는 저택이었다.

　그러나 안사의 난이 일어난 이후에 이 저명가수 이구년은 강남으로 흘러들어와 담주에서 호구지책으로 예술을 팔아 연명하고 있었다. 매번 풍경을 등지고 노래를 팔 때에 좌중에 있던 사람들은 노래를 듣고 흐르는 눈물을 감추며 술잔을 들었다고 전해진다.

그러면 시구로 와서 1, 2구를 보자.

기왕은 현종의 아우요, 최구는 최척으로 현종의 가장 총애를 받던 신하였다.

현종, 그리고 동생 기왕 모두 풍류를 좋아하고 즐기던 사람들이다.

현종은 음악, 춤 모두 좋아했는데 특히 노래를 잘 불렀다. 두보가 이구년을 처음 본 것은 10대 소년시절이다.

낙양에서였다.

개원 12년(724) 11월 현종은 문무백관을 거느리고 낙양에 왔다. 낙양은 정치적 중심지이기도하다.

두보는 문학적 재능을 가지고 있었으므로 이 때 이 고장의 선배들의 인도를 받아 음율에 정통한 기왕, 그리고 현종의 총신인 비서감 최척의 저택에 자주 드나들면서 당대 명창인 이구년의 노래 소리까지 듣게 되었다.

기왕과 최척은 모두 개원 14년(726)에 죽였으니 두보가 이구년을 보았던 시기는 바로 이때를 말한다.

이 시기는 당의 전성기, 태평성대의 시절이었고 두보에게는 한참 꿈 많은 열네다섯 살의 소년시절이었다.

소년 두보는 이런 최상의 시대에 최고의 고관들 집에서 호화로운 가무가 펼쳐진 가운데 세기에 드문 걸출한 예술가가 노래를 부르고 있는 장면을 목격했겠다.

이때의 장면을 전반부 두 구에서 지나간 과거를 회상하며 노

시인이 감회 어려 읊은 것이다.

기왕 댁에서 뵈었고, 또 최구 댁 앞뜰에서도 당신의 노래를 들었었다고…

1, 2구는 두 화려한 인물을 대비시키면서 성세를 그리고 있다.

시를 쓴 시점은 후반부에서 나타나고 있다.

앞에서 밝혔듯이 작시 연대가 770년이니 1, 2구와 3, 4구의 시간적 거리는 이미 40여 년이 훨씬 넘은 경과의 흐름을 나타내고 있다.

현종에서 숙종으로 이어졌고 그리고 이 두 왕은 모두 죽었고 이미 그 뒤를 이은 대종이 왕위에 오른 지도 5년이란 시간이 흐른 시기였다.

소년 두보는 이미 노인이 되어 있었다.

나라는 어떻게 변했는가?

개원의 연호는 바로 성당(盛唐)의 상징이다.

많은 중국 사람들은 대부분 유구한 중국 역사 중에서 가장 태평성대의 국가를 당으로 보며, 당나라로 들어가 가장 태평성대의 시기를 바로 성당시기 즉 개원시대로 생각한다.

이는 곧 현종이 집권하던 시대이다.

그러나 태평시대는 오래 가지 않았다.

755년 안록산이 전쟁을 일으킨 후에 당나라는 쇠퇴의 길로 접어든다.

8년 전쟁이 끝났지만 번영 시대는 다시 돌아오지 않았다.

3, 4구 후반부를 보자.

이 연은 앞 연과 시간적 대비로 이루어져 있다.

과거와 현재의 대비이다.

성세와 난세의 대비이다.

장소는 넓고 넓은 중원의 지역 중에 산과 물이 빼어난 경치 좋은 강남이다.

때는 마침 사계절 중에서 아주 풍경이 좋은 따사한 봄날이다. 좀 더 자세히 절기를 잡자면 꽃은 만발했고 떨어지는 늦봄에 초여름으로 가는 시절이다.

늙고 병든 두보가 마지막 방랑지에서 초라하게 떠돌다가 뜻하지 않게도 만나게 된 사람은 바로 그 유명했던 이구년이었다.

멋진 풍경을 등지고 노래하는 사람.

아름다운 노랫소리.

어디선가 들었을 듯한 목소리.

어쩐지 낯익은 듯한 얼굴모습.

두보는 앞으로 앞으로 다가가 자세히 노래 부르는 사람을 보고는 눈이 휘둥그레 했을 테고 또 이것이 정녕 생시란 말인가 싶었으리라.

그 사람은 바로 그 사람. 상상조차 할 수 없었던 이구년이었다.

이구년은 구차하게도 연명하기 위하여 노래를 부르고 있었던 것이다.

이때에 뜻밖의 재회를 두보는 담담히 이렇게 3, 4구에서 읊고 있다.

'시절은 정말로 화사하기 그지없는 참 아름다운 봄날인데,

꽃이 떨어지는 이때에, 또 다시 당신을 만나보게 되었군요!'
두보는 꿈을 꾸고 있는 듯했으리라.
눈앞에 펼쳐진 현실이.
어찌 이럴 수 있단 말인가!
시구를 보면 시어를 마치 작은 목소리로 말하는 듯 간단히 처리 했을 뿐
40년간이나 쌓였을 감회에 대한 화려한 수식이 없다.
그러니 자세히 들여다 볼 수밖에 없다.
4구의 낙화시절을 생각해보자
이는 경의 묘사어이면서도 정의 묘사어이다.
즉 쌍관의(雙關意)이다.
먼저 경의 묘사로 보면 늦봄, 꽃이 떨어진다는 뜻이니 봄의 시절을 상실하는 의미를 담고 있는 풍경이다.
한편 정의 묘사로 본다면 난세를 암시한다.
시대의 낙화요, 국가의 낙화요, 인생의 낙화이다.
국가는 이미 쇠퇴의 길에 떨어졌고 사회의 동란으로 인하여 시인과 이구년을 포함하여 난리를 경험한 개개인이 모두 쇠약하고 병들고 늙어 힘없이 사라져 감을 암암리에 상징하고 있다.
즉 낙화는 불행의 상징으로, 나가떨어진 모든 것들을 층층이 싸안으며 함축된 뜻을 행간에 간직하고 있는 시어이다.
또(又)라는 시어는 또 얼마나 의미심장한 역할을 하는가!
무한의 감개를 이 한 글자로 함축시키고 있으니 말이다.
또 다시 만난 둘의 처지와 상황을 상상해 보라.

그리고 두보가 품었을 가슴 속의 감회를 헤아려 숙제에서 써 보도록 합시다.

아마도 시인은 독자의 몫으로 돌렸으리라.

이 시는 어느 한 곳 비애나 슬픔, 노쇠함의 시어가 없다.

그러나 사용한 언어 밖에서 풍운이 감돈다.

운미가 무궁하며 내용이 풍부하다.

수식이나 조탁을 하지 않았으나 주제가 심각하고, 용량이 크다.

풍파를 다 겪은 대시인의 절제된 시어와 자존심이 노련한 수법으로 처리되어 감성의 흔적이 전혀 노출되지 않고도 예술적 경계가 더욱 짙게 드리운 작품이다.

江南逢李龟年
강남봉이구년
jiāng nán féng lǐ guī nián

歧王宅里寻常见
기왕택리심상견
qí wáng zhái lǐ xún cháng jiàn

崔九堂前几度闻
최구당전기도문
cuī jiǔ táng qián jǐ dù wén

正是江南好风景
정시강남호풍경
zhèng shì jiāng nán hǎo fēng jǐng

落花时节又逢君
낙화시절우봉군
luò huā shí jié yòu féng jūn

(2) 登高[1]   산에 올라서서

　　　　　　　　　　　　　　　　　杜甫

風急天高猿嘯[2]哀	바람 세고 하늘 높고 원숭이 슬피 우는데
渚淸[3]沙白鳥飛迴	맑은 물가 흰 모래에 새가 날아돈다.
無邊[4]落木蕭蕭[5]下	끝없이 나뭇잎새 우수수 떨어지고
不盡長江[6]滾滾[7]來	한없이 양자강 물 세차게 흘러간다.
萬里[8]悲秋常作客	만리 밖 슬픈 가을 항상 나그네 신세
百年[9]多病獨登臺	한평생 많은 병 끌어안고 홀로 누각에 올랐어라.
艱難[10]苦恨繁霜鬢[11]	가난 고난 서러웁고 흰머리 한스러워
潦倒[12]新停[13]濁酒杯	영락한 이내 몸 술잔마저 끊어야 한다니.

---

1 登高 : 9월 9일 중양절(重陽節)에 산에 오르는 풍습. 왕유 시에 소개 됨
2 猿嘯 : 원숭이 소리
3 渚淸 : 장강의 물가가 맑다
4 無邊 : 끝없이
5 蕭蕭 : 나뭇잎 떨어지는 소리
6 長江 : 양자강 상류. 이곳의 장강은 삼협 중 기주임
7 滾滾 : 강물이 세차게 흐르는 모양
8 萬里 : 고향으로부터 만리
9 百年 : 한평생
10 艱難 : 가난하고 어렵다
11 繁霜鬢 : 하얗게 센 머리카락
12 潦倒 : 노쇠한 모양. 영락함
13 停 : 술을 끊다

이 시는 두보의 나이 56세 때인 대력2년(767) 가을 기주에서 지어졌다.

기주는 장강의 삼협 중에서도 가장 기세가 험하기로 유명한 곳이다.

두보는 음력 9월 9일 중양절에 기주의 산 높은 곳에 올라가 아래로 굽어보이는 장강의 가을 경색을 바라보다가 이미 인생에서도 최고의 정점에 서있는 나이를 먹은 자신의 모습을 슬그머니 미루어 헤아려 보았고, 산꼭대기에 서있는 형상이 마치 기나긴 인생을 지나 엮어진 자기 인생의 등고점인 것을 깨닫게 된다.

이 시는 가을 경관으로부터 시작하여 자신의 감회로 이어지면서 작가의 냉철한 자기 평가의 정감으로 끝마무리를 짓고 있다.

이 작품은 두보의 칠언율시 가운데에서도 제일가는 작품으로 고금의 칠언율시를 통틀어서도 이 시를 능가할 수 있는 작품은 없다고 평가받는 대표작이다.

명나라의 문학비평가인 호응린(胡應麟), 청나라의 비평가인 양륜(楊倫) 등 모두 입을 모아 칠율의 왕관을 씌워 주었던 작품이다.

한해의 연중행사 중 겨울맞이를 위한 마지막 행락에 해당하는 중양절 등고는 음력 9월이니까 양력으로는 10월 중순쯤에 해당한다.

지금의 날씨보다 옛날에는 더 추웠고 또 문명의 이기도 부족하니 더욱 추웠을 테고 또 산과 강이 깊은 곳에서는 더욱 세찬 바람을 동반하여 쌀쌀하기 그지없는 늦가을의 날씨였으리라.

더욱이 병들고 늙은 몸을 이끌고 홀로 오르는 외로운 산행에 있어서랴.
 그러면 시의 구절을 보자.
 크게는 선경 후정의 구조이다.
 전반 4구는 산위의 높은 누대로부터 내려다보이는 강산의 전경이고 후반 4구는 냉엄한 자연 속에서 홀로 서있는 자신의 자아상을 비장한 감회의 정감으로 그려내고 있다.
 전반부 '경'의 묘사 부분부터 스케치해보자.
 1, 2구에 등장하는 시의 소재는 바람, 하늘, 원숭이, 강물, 모래사장, 새 등 여섯 종이다.
 1구의 세 가지 경물과 2구의 세 가지 경물은 대우로 짜여져 있다.
 즉 바람과 물이, 하늘과 모래사장이, 원숭이와 새가 대비이다.
 또 이들 경물이 나타내는 행위가 역시 대비로 구성되어 있다.
 '바람은 급하고, 물은 맑고'의 형태로,
 '하늘은 높고, 백사장은 희고'의 형태로,
 '원숭이는 구슬프게 울고, 새는 선회하여 날고 있다'는 형태로, 술어에 해당하는 부분의 형태묘사가 잘 짜여 진 대비구이다.
 또 한편 1구는 작가의 위치보다 높은 곳의 묘사이고,
 2구는 작가의 위치보다 낮은 곳의 묘사이다.
 즉 작가를 중심으로 상과 하의 대비를 이루는 경관의 묘사이다.
 1구만 들여다보아도 한 구 안에서 바람과 하늘이 대비로 짜여 있다.
 바람은 급하게, 하늘은 높게 서로 호응한다.

2구 역시 구 안에 물과 모래사장이 대비이다.

물은 맑게, 백사장은 희게 서로 호응한다.

1, 2구 수련의 정경을 다시 집중해 보면서 늦가을 만추의 정서를 읽어보자.

1구는 청각적 형상이고 2구는 시각적 형상이다.

기주의 가을은 맑고 높은 하늘이다.

급하게 불어대는 거칠고 싸늘한 바람에 하늘은 높고 원숭이 울음소리가 애절하게 들려오는 상황이다.

산 위에서 맞는 바람이 몹시도 춥게 느껴진다.

이 바람을 타고 들려오는 애달픈 원숭이 울음소리.

1구에서 벌써 감성이 강한 시인은 바람타고 오는 원숭이의 구슬픈 소리에 감염되어 절박한 슬픔에 감싸였으리라.

그리고는 고개 숙여 아래를 본다.

맑은 물가. 하얀 모래사장, 그리고 이 강가를 맴돌고 있는 새가 눈에 들어온다.

너무나 투명하게 보이는 땅의 묘사정경이라 한 폭의 정미(精美)한 그림 같다. 그런데 맑고 희고 청정하기는 하지만 고요한 풍경이 평온함을 주기보다는 묘하게도 완전히 씻기어지지 않는 외로운 감정의 경계로 이어지는 듯하다.

하지만 등장한 물(物)은 모두 각자의 역할을 충실히 실행하는 개개의 개성을 가진 자연물의 성실한 모습 그대로이다.

한편 이것은 현실이다.

이것이 세상이다.

개개가 담당한 자신의 역할이다.

경관이지만 암시는 크다. 세상 경치는 인간이 갖고 있는 세상의 상징이기도 하리라.

모두 각자의 역할을 하는 자연, 이는 모두 자신의 역할을 다하고 살다가 죽어가는 인간의 각각의 역할과 비교해 볼 때에 제 몫의 소명이 각각 대비를 이루며 살다간다는 의미에서 무엇이 다르겠는가!

1, 2구의 현저한 대비의 묘사에서 우리는 기묘한 경계의 세상을 경험한다.

어쨌든 수련은 시인이 그려낸 원경이다.

3, 4구는 시인이 눈앞에 펼쳐진 근경을 묘사함으로써 수련 대 함련의 대비를 보이고 있다.

3구는 1구를 이어받아 산의 묘사요 또 청각적 형태로 호응한다.

4구는 2구를 이어받아 물의 묘사요 또 시각적 형상으로 호응한다.

3구와 4구 물론 대비의 구이다.

이 얼마나 치밀한 조직의 법칙 하에 시가 지어졌는지 알 수 있지 않은가!

시의 운율을 모범적으로 지키며 대구를 철저하게 구성하여 시를 창작하는 두보의 수법은 타의 추종을 불허하는 타고난 재능 없이는 불가능하리라.

3구의 무변(無邊)과 4구의 부진(不盡)이,

3구의 낙목(落木)과 4구의 장강(長江)이,

3구의 소소하(蕭蕭下)와 4구의 곤곤래(滾滾來)가 대우구이다.

그러면 경관의 정서를 보자.

어느 쪽 할 것 없이 사방의 끝없는 나무들은 이미 낙엽 되어 급하게 불어 닥치는 바람에 의하여 우수수우수수 떨어지고 떨어진다.

소소의 표현은 텅 빈 공간을 가득 채우는 무한하게 소란스러운 낙엽이 뒹굴며 휘몰아치는 소리이다.

깡말라 더 큰 소리를 내는 낙엽소리이다.

1구의 아주 세찬 바람에 어울리는 소리를 내며 떨어지는 낙엽들의 모습이다.

4구는 아래로 굽어 본 장강의 세밀한 시각적 묘사이다.

끝이 어디인지 알 수 없이 굵게 흐르는 강물인 장강은 어떤 모습인가?

끝 간 데 없는 장강은 세차게, 세차게 흘러 흘러간다.

곤곤(滾滾)의 표현은 씩씩하게 세차게 콸콸 흐르는 물의 의태어이다.

어느 것도 꺾을 수 없는 물의 웅대하고 힘찬 흐름, 도도하게 굵은 곡선을 그리고 용솟음치며 흘러가는 역량 큰 강물의 흐름을 말한다.

아무도 이의 기세는 꺾을 수 없는 형상이다.

자연이 주는 웅장함과 거스를 수 없는 거대한 힘의 작동을 바라보면서 시인의 심정은 어떠했을까?

아마도 극한 감정에 휩싸였으리라.

자연의 거대한 용량의 크기에 반비례하여 시인은 오히려 적막하고 처량하고 비참하고 쓸쓸하고 슬퍼지지나 않았을까?

시인은 낙목의 바스락거리는 소리를 들으면서 강물의 용솟음치는 세찬 모습을 보면서 자연의 커다란 경계와 오묘한 힘을 느끼고 평온치 못했으리라. 떨어지고, 부서지는 낙엽소리.

용솟음치는 물결 따라 끓어오르는 가슴 속 심지의 요동.

두보는 젊은 날의 용솟음치던 웅장한 꿈을 회상하다가 떨어지고 부서져 버린 인생, 조각난 꿈을 모아 다시 치솟던 식을 줄 모르던 의지, 그리고 마지막까지 또 산산조각 난 인생을 얼싸안고 다시 높이 이 자리에 선 지금의 모습을 발견하고는 한없는 고통과 회한의 슬픔 속에 끓어오르는 분노를 느꼈으리라.

그리고는 조용히 차분하게 자연 속에 차지한 나의 존재를 확인하기 시작했으리라.

작디작은 초라한 모습의 자아에 눈을 돌릴 수밖에.

마치 힘찬 대자연의 거대함 속에 가장 높은 산의 누대에 올라 하나의 점처럼 서있는 자신의 몰골과도 아주 흡사한 마음 되어.

경과 정이 융합되는 순간 두보는 인생의 등고에서 바라본 자화상을 그린다. 마치 경관처럼…. 똑같은 잣대를 갖고.

후반부 작가가 그린 서정의 자아자화상을 살펴보자.

경련 5, 6구 역시 대우법을 사용한다.

5구의 만리와 6구의 백년,

5구의 비추와 6구의 다병,

5구의 상작객과 6구의 독등대가 모두 대우의 조직이다.

또 한편으로는 5구는 공간적 배치요 6구는 시간적 배치로 대비를 이루고 있다.

정서를 보자.

5구의 만리는 그가 살아서 거닐었던 공간의 표현이다.

두보는 한 곳에 정착하여 살지 못했다. 항상 전국의 방방곡곡을 떠돌아다니는 인생역정이었다.

이곳, 저곳 만리를 헤매며 살아온 인생.

돌이켜 보면 늘 상 서럽고도 슬픈 가을을 맞이했을 뿐이고 언제나 고향에 돌아가나 그날을 기대하며 외로운 나그네 신세로 전전 긍긍했을 뿐이다.

6구의 백년은 내 한평생을 최대한의 시간으로 나타낸 것이다.

인간이 많이 살아 보았자 백년,

이내 몸 평생을 돌이켜 보건데 늘 병을 안고 힘겹게 살아온 인생이다. 지금도 온통 병든 몸으로 홀로 누대에 올라 있는 내 모습이여!

두보의 병력을 보면,

36세에 폐병을 앓았고 40세에 악성 학질에 걸렸었고 50대에 이르러는 치통, 두통, 전신마비의 증상을 겪었고 50중반에 치아는 모두 다 빠져 버렸으니 무슨 살맛이 나겠는가?

두보는 죽을 때까지 병을 끼고 살았다.

건강한 몸에 건강한 정신이란 말이 있건만 두보에겐 예외인 양 병약한 몸, 노쇠한 몸에도 불구하고 그의 의지는 거대했고 절대로 꺾이지 않았다.

병든 몸을 이끌고 산에 높이 오른 것을 보라!
아픈 것은 아픈 거고,
초라한 건 초라한 거고,
외로운 건 외로운 거고,
그것이 무슨 대수로 내 의지를 꺾을 수 있고 삶을 좌절시킬 수 있단 말이냐?
그러나 나의 자아가 말하는 자화상은 정말 볼품없고 형편없다는 데에 나 역시 동의한다.
그리고 당당하게 나의 경력, 나의 형상을 밝힐 수 있다.
'나는 나를 사랑해, 삶을 사랑해, 보잘것없어 보이는 것조차도'
'삶은 너무나 아름다운거야'
그렇게 외치듯 두보는 예술적 미감으로 자신의 모습을 형상화시키고 있다.
경련은 크게는 인간의 한 모습인 것이다. 그는 대변자에 불과할 것이다.
그래서 외칠 수 있었던 것이다.
어쨌든 시간적으로나 공간적으로나 자신의 행적을 회고해 본들 어쩌면 이렇게도 별 볼일 없이 쓸쓸하고 초라하기만 한 경력이던가!
이제 마지막 미련 7, 8구를 보자.
전반 4구의 배치처럼 역시 7구는 5구에 대한 호응구이고, 8구는 6구에 대한 호응구이다.
만리의 공간을 헤매면서 자신이 얻은 것은 무엇인가?

끊임없이 가난했고 굶주렸고 어렵게 연명했고 그래서 이른 오늘의 모습은 어떠하단 말인가?

서리처럼 하얗게 무성하게 솟아난 백발이 전부 아닌가!

이게 웬 말인가!

뜻은 이루지 못하고 늙음만이 날 찾아 왔을 뿐, 고생과 고통의 연속이었다니 회한에 차 한스럽고 한스러울 뿐이로다.

이는 '인생'에 대한 하나의 진실한 대변이다. 인생의 경계를 독자에게 알리는 것이리라.

'한'조차 아름다운 인생이 아니냐고 반문하듯이.

마지막 8구를 보라.

또 한 백년이 내 인생이라 한들 평생의 시간을 허비하면서 얻어진 것이 무에란 말인가?

내 일생에 얻어진 것은 영락해 버린 육신뿐이로구나.

이 노쇠한 병든 육신의 자화상이란 말씀이 아니다.

세상에서 버림받고 혹시나 내팽개쳐져 버린 모습이 아닌가!

즐거움은 없고 쓸쓸하고 외롭고 이 세상을 다 빼앗겨 버린 심정이리라.

얼마나 사랑하는 나라인데…

소중한 세상인데…

더욱이 그처럼 좋아하는 술

당시 두보는 의사에게서 술을 금하라는 주의를 들었다.

어떻게 술을 끊으란 말인가!

이건 아예 인생을 자포자기 하라는 것이 아니고 무엔가!

삶은 곧 술인데… 그리고 지금 오직 의지할 것은 하나뿐인 술인데…

슬픔은 애통으로 이어져 꼬리를 물고 달린다.

두보가 등고하여 그린 자화상이다.

인생은 이렇게 무상하게 끝나는가?

제목이 등고이다.

그래 더 높이 오르자.

바람처럼 힘차게.

강물처럼 드높이.

두보는 한참을 자포자기 하다가 그래도 실낱처럼 가느다랗게 솟아오르는 맑은 생명의 소리,

'삶은 아름다운거야, 기쁘거나 슬프거나 모두가 숭고한 거야.'

로 이어지는 희망의 메세지를 듣고는 인생을 다시 더 높이 등고하기로 결심했는지도 모르겠다.

산을 내려오면서……

왜냐면 곧 바로 죽지 않고 석 삼년을 더 살다가 원하지 않았던 뜻밖의 죽음을 맞이했으니까.

이 시의 여덟 구는 빛나는 조각가의 예술품처럼 통일을 이루면서 하나로 연결되어 있다. 어느 구를 보아도 하나의 주제 '등고'를 조화롭게 묘사해낸, 맑은 영혼들이 합창하는 노래이다.

등고
登高
dēng gāo

풍 급 천 고 원 소 애
风急天高猿啸哀
fēng jí tiān gāo yuán xiào āi

저 청 사 백 조 비 회
渚清沙白鸟飞回
zhǔ qīng shā bái niǎo fēi huí

무 변 낙 목 소 소 하
无边落木萧萧下
wú biān luò mù xiāo xiāo xià

부 진 장 강 곤 곤 래
不尽长江滚滚来
bù jìn cháng jiāng gǔn gǔn lái

만 리 비 추 상 작 객
万里悲秋常作客
wàn lǐ bēi qiū cháng zuò kè

백 년 다 병 독 등 대
百年多病独登台
bǎi nián duō bìng dú dēng tái

간 난 고 한 번 상 빈
艰难苦恨繁霜鬓
jiān nán kǔ hèn fán shuāng bìn

요 도 신 정 탁 주 배
潦倒新停浊酒杯
liáo dǎo xīn tíng zhuó jiǔ bēi

제14강

추앙받는 사람과
추한 사람의 모델이 있나니

신상조사서에 자주 등장하는 물음 하나.
'존경하는 인물은?'
이는 취미 혹은 장래희망을 묻는 항과 자주 짝 지어 나온다.
그저 아무 생각 없이 그날그날을 왕따나 안당하고 초등학교를 친구 따라 의무처럼 왔다갔다 할뿐 가치관이 무엔지 알바 아닌데 느닷없이 옛날 중학교 입학원서에는 그걸 물었다.
급한 길에, 동네에서 어떤 기대 부푼 부모가 네다섯 살 아이의 재롱을 보고 놀다가 '너 커서 무엇 될래?' 하니까 '대통령' 하고 쉽게 대답하자 二代가 모두 만족하는 것을 본 적이 있기에 하도 신통해서 그것이 정답이려니 하고 '대통령'이라고 써 넣었다.
사실 그때 대통령은 우상이었다.
세월이 가고 나중에 성인이 되어보니 그건 인위적 조작이었던 것을…
그 후에도 한참을 어떤 사람이 존경하는 인물인지 도무지 떠오르지 않아 위인전을 보고 답하려고 외국인물인 링컨, 아인슈타인, 슈바이처, 에디슨을 비롯하여 국내의 세종대왕, 이순신, 사육신 다 읽어보아도 '그랬구나!' 하는 감동 이상으로는 진전되지 않았다.
요새 아이들은 빠르다.
초등학교 입학 전에, 늦어도 초등학교시절에 이미 존경하는 인물 모두 외워놓고 물어주기만 기다린다.
여러분들은 누구를 존경하시나요?
사실, 이름 없이 알려지지 않고도 숭고하게 살다 간 인물이 얼마나 많으랴!

　보이는 것 보다 보이지 않는 것이 더 소중하고 존경받아야 하리라.

　남에게 나타내 보이는 것은 종종 실상과 거리가 있기 마련이기에.

　세상이 살만한 것은, 이 보이지 않는 선한 기운이 각종의 위선과 악을 덮고도 남음이 있어 우주공간 가득히 영롱하게 빛나기 때문이리라.

　여기에 두보가 평생을 두고 추앙한 사람이 있다.

　또 싫어하던 사람도 있다.

　시인은 특별히 감성의 폭이 남달리 크기 때문에 도대체 어떤 류의 사람에게 감동하고 몰입하는지 보통사람인 우리를 궁금케 한다.

　누구일까???

(1) 蜀相　　　　촉의 재상

杜 甫

丞相¹祠堂²何處尋　　승상의 사당 어느 메서 찾았던가
錦官城³外柏森森　　금관성 밖 측백나무 우거진 곳.
映階碧草自春色　　섬돌에 비낀 푸른 풀 제 스스로 봄빛이고

隔葉黃鸝⁴空⁵好音　　나뭇잎새 꾀꼬리 속절없이 곱게 운다.
三顧⁶頻煩天下計⁷　　삼고초려 빈번하게 천하를 계책했고
兩朝⁸開濟⁹老臣心　　두 조정 열고 지킴은 늙은 신하 서린 마음이어라.

出師¹⁰未捷身先死　　전쟁터에 나아가 이기지 못하고 몸이 먼저 죽으니

1　丞相 : 蜀國의 명재상 제갈량(181~234)
2　祠堂 : 신주를 모시는 당. 재상인 제갈량의 사당. 즉 무후사(武候祠)를 가리킴. 지금의 성도시 남문에 있다. 진(晉)때 건축되었음
3　錦官城 : 성도(成都)의 옛 이름. 이전에 비단을 짜던 관서가 있어서 붙여진 이름
4　黃鸝 : 꾀꼬리
5　空 : 듣는 이도 없는데. 속절없이, 쓸쓸히, 부질없이
6　三顧 : 제갈량이 세상에 나가지 않았을 때 유비가 세 번 초려를 찾아와서 예를 다하여 그의 도움을 청했음
7　天下計 : 천하를 다스리는 계획
8　兩朝 : 선왕 유비(劉備)와 그의 아들 유선(劉禪)의 二代, 공명은 양대 20년 동안 충성을 다함
9　開濟 : 선제 유비의 '위업'을 개척하고 후주 유선을 도와주었다는 뜻
10　出師 : 제갈량은 촉한 건흥12년(234) 군대를 이끌고 출병하여 위(魏)나라 사마의(司馬懿)와 오장원(五丈原 지금의 섬서성 무공현)에서 백여 일 대치하였으나 뜻을 이루지 못하고 그해 8월 진중에서 병사했다

長使英雄淚滿襟　　　길이길이 영웅의 옷깃에 눈물 흠뻑 적시우네.

　두보가 추앙하는 인물은 삼국시대 유비가 세운 촉나라의 재상이었던 제갈량이었다.
　제갈량은 걸출한 정치가요 전략가이다.
　본래는 낭야 양도(지금의 산동성 제성현)사람이나 숙부를 따라 형주에 왔고 숙부가 죽은 후에는 양양 서쪽 20리쯤 떨어진 융중(隆中)에서 초막을 짓고 밭을 갈며 살았다.
　유비는 이때 제갈량의 초막에 세 번이나 찾아가 국사를 논했는데 그의 치국안민 정책에 깊은 감명을 받았다.
　제갈량 역시 유비의 삼고초려(三顧草廬)에 감동되어 유비를 따라 나서니 이때 나이 27세였다.
　제갈량은 유비가 병들어 죽자 아들을 부탁한 유언을 받들어 나약한 후주 유선을 극진히 보필하며 나라에 충성했다.
　그러나 혼신의 힘을 쏟아 나라를 안팎으로 다스렸음에도 불구하고 사마의가 이끄는 위나라 군대와 오장원에서 대치하고 있다가 애석하게도 군대의 진중에서 병사하고 말았다.
　이로써 한나라 유씨 성의 대통을 이어받은 촉한은 중원을 통일하는 대업을 이루지 못하고 역사의 무대에서 사라지게 된다.
　금관성(성도)은 촉한의 수도였다.
　두보가 전란으로 인한 방랑의 끝에 정착한 곳이 곧 성도이다.
　엄무의 도움으로 성도의 근교인 완화계 초당에서 모처럼 가족과 함께 정착하니 이때가 바로 숙종 상원 원년(760)이다.

처음 성도로 오던 해에 두보는 마음속에 기리던 제갈량의 사당을 찾아 묘소에 참배할 기회를 드디어 얻게 된다.

두보는 충신이었던 제갈량의 일생을 존경하여 그에 관한 시만 해도 십삼 수나 되고, 이 시 〈촉상〉은 그 중의 한 편에 해당된다.

그러면 시구를 보자

제목이 '촉의 재상'이다.

두보가 심중에 두는 주제는 제목에 그대로 나타난다.

전체적으로 크게 나누면 전반부 4구는 경이요, 후반부 4구는 정의 묘사로 구성되어 있다.

수련을 보자.

1구와 2구를 자문자답 식으로 열고 있다.

'승상의 사당을 어느 곳에서 찾을 수 있을까?

아! 금관성 밖에 측백나무가 빽빽이 우거진 곳이로구나.'

승상이 누구인지 밝히고 있지 않지만 제갈량이다.

제갈량의 사당은 성도에 있다. 사당이 모셔진 곳의 정식 이름은 무후사이다. '무후'는 그가 책봉 받은 벼슬의 칭호이다.

무후사는 선주인 유비의 묘당 측면에 위치하고 있는데 사당 앞에 서있는 오래된 측백나무 한 그루는 제갈량이 손수 심었다고 전한다. 살아서 그는 사시사철 늘 푸른 측백나무를 좋아했다.

지금은 무후사가 성도 시 안에 있지만 옛날에는 교외에 해당되어서 깊은 숲속 조용한 곳에 모셔졌을 것이다.

시인은 제갈량에 대한 사모의 마음을 이미 오래전부터 품어 왔다는 뜻을 독자에게 전하고 있다.

1구의 찾아왔다(尋)는 글자를 일부러 내세워서 제갈량에 대하여 특별한 마음을 간직했고 일찍부터 뵙고 싶었다는 뜻을 담고 있다.

그냥 남 따라 유람을 온 차원의 사당구경이 아니다.

일부러 별러서 꼭 찾기로 해서 왔다는 뜻이다. 와서 보니 측백나무가 우거진 경관을 하고 있었다. 더욱이 사당 앞 그가 손수 심었다는 우뚝 솟은 늙은 측백나무는 시인을 얼마나 감회에 젖게 했을까.

함련을 보자

많은 경관 중에 시인이 선택한 풍경의 소재는 푸른 풀과 꾀꼬리였다.

푸른 풀은 어디에 있었나?

햇볕 그림자 드리워 있는 섬돌 계단에 함초롬히 제 스스로 제 멋대로, 절로, 봄의 색을 띠고 있었다.

꾀꼬리는 어디에서 무엇을 했나?

나뭇잎 사이사이로 힐끗 보이는 노랑색 꾀꼬리는 부질없이, 그저 속절없이 맑은 목청을 돋우며 천진하게 뽐내며 노래를 불러댄다.

듣는 사람 없어도 홀로 부르고 보는 사람 없어도 홀로 푸르다.

3구와 4구는 대비이다.

색의 대비, 시각과 청각의 대비로 이루어져 있다.

참 아름다운 세상, 참 예쁜 계절의 색상이다.

두보는 왜 사당의 그 많은 경관 중에 이 두 경관을 만들었을까?

사당의 건축이 엄숙하다던가 아니면 안의 승상 초상이 근엄하다던가를 묘사해도 되련만.

어차피 시인은 썼고 우리는 감상한다.

경은 경으로만 끝나지 않는다. 만일 景일뿐이다로 끝나면 졸작이 된다.

두 구에는 세월이 묻혀 있다.

승상이 살아서 노심초사하며 활동했던 그 때로부터 몇 백 년이 지난 오늘 시인이 선 지금까지의 시간이 함축되어 있다.

3구의 자(自)자를 보라.

승상의 삶을 아는지 모르는지 푸른 풀은 절로 돋아나 스스로 봄의 역할을 하고 있지 않은가!

4구의 공(空)자를 보라.

꾀꼬리 역시 마찬가지이다. 승상이 살아서 겪었던 고심과 비운을 아랑곳 않고 부질없이 그저 제 역할인 노래를 부르고 있다.

'자'와 '공'의 절묘한 표현이 경관이면서 또 한편 두보의 감성을 나타내고 있다.

인간 속세의 근심을 아랑곳 않고 순환하는 질서에 따라 한 점의 오차도 없이 운행되는 자연법칙의 순리를 목격한 두보는 유한성의 인간과 무한성의 자연의 심한 격차를 감지하고 인간의 무상함과 쓸쓸함에 사로잡히고 있다.

비록 봄 색은 아름답고 꾀꼬리 소리 맑아도 승상은 죽어 말이 없으니 더욱 고인에 대해 그리워지는 회포를 금할 수 없었으리라.
 자연의 아름다운 경관에 비하여 사당은 황량하고 영락하였고 사람의 인적조차 끊기어 침묵만 흐를 뿐이다.
 이것이 인생이란 말인가!
 '경'이 아름다워서 더욱 슬픈 '정'이다.
 후반부는 승상이 살아 남겼던 업적을 회고하고 있다.
 경련을 보자.
 5, 6구에서 두보가 제갈량이 살아서 이룩했던 업적을 찬양하고 있다.
 삼고초려 후 빈번하게 천하의 대계를 계책하였으며 유비와 유선 두 임금을 도와 촉나라를 열었고 또 부족한 임금을 보좌하고 위기를 막기 위해 목숨을 아끼지 않고 동분서주하며 일생을 보냈던 충성스럽고 진실한 신하의 마음이여!
 나라에 보답하는 것을 자신의 몸보다 더욱 소중하게 여겼던 것이 제갈량의 일생이 아닌가!
 두보 역시 '충성', '보국'이런 단어가 그의 머릿속에서 떠난 적이 없다.
 '내 나라'를 내가 지켜야 하리라, 내가 높이 세워야 하리라, 두보가 평생을 두고 당나라에 갖는 마음이었다.
 임금이 미워하건 배척하건 아랑곳하지 않고 끝내 나라를, 또 백성을 걱정하던 두보였다.
 제갈량이 평생에 쌓은 충성심의 공적이 두보에게는 그를 추앙하게 만든 요인이었다.

유유상종이란 말이 있지 않은가?
정치가는 워싱턴을,
의사는 슈바이처를,
과학자는 아인슈타인을,
음악가는 베토벤을,
화가는 피카소를,
여성 독립운동가는 잔다르크나 유관순을,
이상으로 삼고 존경하지 않겠는가!
두보 역시 충성심으로 치면 제갈량 못지않다고 생각했으리라.
이제 마지막 미련으로 달린다.
다시 숙연해지자.
마음을 다잡고 집중하자.
7구를 보자.
한 글자 한 글자가 두보의 뼈를 깎는 듯 새겨져 있다.
제갈량의 마지막까지 살아서 남긴 충성스러운 불후의 업적이 보인다.
출사(出師)란 마지막 제갈량의 전투를 말한다.
오직 중원을 촉한에게 돌려준다는 일념 하에 오장원의 전투를 각오하고 군대를 끌고 나아갔으나,
이기지 못하고…,
몸이 먼저 죽으니…,
라고 7구를 구성하고 있다.
얼마나 감개와 유감스러운 한탄이 서려있는 구인가!

위나라 군대와 대치하기를 백여 일, 그해 8월에 병이 났고 군중에서 그만 죽고 말았다.

누구를 위하여 종을 울리나?

제갈량은 끝내 나라를 위하여, 유비와 유선을 위하여 온몸을 바쳐 충성했다.

그러나 결과는 비극으로 끝났다.

나라도 비운이요 개인 제갈량도 비극적인 생애로 마감되었다.

제갈량의 충성은 죽어서야 끝이 났다.

일생의 맡겨진 중책, 어린 임금을 부탁한다는 유비의 말을 끝까지 지키면서 조비를 꺾고 중원을 회복한다는 일념은 오장원에서 무참하게 떨어져 나갔고 가을바람 소슬히 부는 가운데 백성들은 실성한 듯 했다.

죽어가는 승상의 마음은 어땠을까?

누가 그 심정을 이해하겠는가?

우리는 두보를 통하여 다시금 제갈량의 심정을 헤아려본다.

8구를 보자.

애석하고 비통하기 그지없는 제갈량의 죽음.

그가 이기지 못하고 먼저 허망하게 죽은 것은 길이길이 오래오래 영웅으로 하여금 옷깃이 다 젖도록 흠뻑 눈물 흘리게 만든다로 끝을 맺고 있다.

본래 영웅은 어떤 사람들인가?

만고에 빛나는 영웅들, 그들은 착하고, 뜻이 있고, 지혜가 있고, 용감하고, 국가를 위하여, 백성을 위하여, 개인의 일을 돌보지 않는 사람들이 아닌가?

　차라리 사랑하는 여인을 뒤돌아서서 홀로 가슴으로 눈물을 뿌릴지언정 결코 눈물을 보이지 않는 사람이 아니던가?

　이런 영웅들로 하여금 내놓고 옷깃이 다 젖어들도록 평평 울게 만드는 사람, 그는 촉의 승상 제갈량이다.

　영웅은 이겨야 이름이 빛나고 역사에 길이 남는 것인데,
　제갈량은 이기지 못했다.
　그리고 또 비통하게, 허무하게 죽었다.
　승자만 영광이요 패자는 말이 없는 것인데…

　두보는 세상에서 가장 숭고하게 빛나는 사람들을 마지막 8구에서 영웅으로 표현했다.

　앞에 열거한 씩씩한 영웅의 무리 속에 두보는 물론 가장 앞자리에 위치하는 사람 중의 하나라고 생각했으리라.

　왜냐면 그는 시를 지은 장본인이고 최상의 것으로 여기는 충성심의 무게가 제갈량에 못지않을 테니까.

　그것이 현실 속에 크게 나타나고 안 나타나고의 문제가 아니다. 보이지 않는 숭고한 지킴의 마음이 제일 소중한 것 일 테니까. 그리고 또 그는 크게 울고 있지 않은가. 영웅의 눈물을…

　영웅의 눈물을 뚝뚝.

　두보는 말로 표현할 수 없을 만큼 제갈량이 겪은 비극적 종말의 심경을 이해하고 있다.

　두보가 제갈량에 대하여 일생동안에 변하지 않고 가장 엄숙하게 숭배한 것은 일편단심으로 전념했던 충성심이었다.

그로 인한 고매한 인격과 인품 때문이었다.
승상의 충성심은 만고에 드문 충성심이다.
아무나 할 수 있는 일이 아니다
이기고 지고는 문제가 아니다.
오히려 져서 더 슬픈 사람이여.
오히려 죽어서 더 돋보이는 사람이여.
꼭 두보가 당나라를 대하는 충성심같다.
당시의 당나라는 어떠한가?
아직도 전쟁은 계속되는 중이었다.
왜 우리나라에는 촉의 승상 제갈량 같은 충성된 영웅이 출현하지 않는단 말인가?
두보는 속이 탄다.
아아! 나의 조국, 당이여!
시인의 국가를 걱정하고 백성을 근심하는 정신과 한편 나라를 위하여 공을 세우고 싶은 열망이 절절히 독자의 가슴을 친다.
7, 8구 두 구는 침통하고 비장하면서도 함축된 뜻이 심각하게 내재되어 있어서 예술적 가치로 높이 평가받는 명구이다.
그러나 凡人이 별 볼일 없이 죽어도 이 구절을 남용하는 바람에 두보가 의도한 숭고하게 빛나는 아름다운 마음을 해치고, 세기적 영웅을 모독하여 시성 두보를 안타깝게 만든다.

촉 상
蜀相
shǔ xiāng

승상사당하처심
丞相祠堂何处寻
chéng xiàng cí táng hé chù xún

금관성외백삼삼
锦官城外柏森森
jǐn guān chéng wài bǎi sēn sēn

영계벽초자춘색
映阶碧草自春色
yìng jiē bì cǎo zì chūn sè

격엽황리공호음
隔叶黄鹂空好音
gé yè huáng lí kōng hǎo yīn

삼고빈번천하계
三顾频烦天下计
sān gù pín fán tiān xià jì

양조개제노신심
两朝开济老臣心
liǎng cháo kāi jì lǎo chén xīn

출사미첩신선사
出师未捷身先死
chū shī wèi jié shēn xiān sǐ

장사영웅루만금
长使英雄泪满襟
cháng shǐ yīng xióng lèi mǎn jīn

(2) 贈花卿[1]   화경에게 바침

杜 甫

錦城[2]絲管[3]日[4]紛紛[5]	금관성 음악소리 날마다 울려 퍼져 휘날리니
半入江[6]風半入雲	반은 강바람 파고들고 반은 구름타고 노니네.
此曲只應天上有	이 곡조는 응당 천상에 있어야 마땅할 터인데
人間能得幾度聞	어찌하여 인간에서 몇 번씩 들을 수 있으리 잇고.

먼저 이 시의 해설은 짧아서 좋으리라.

두보는 모처럼 울지 않고 아주 쉽게 붓 가는대로 마음도 가볍게 시구를 지어냈다.

우리도 덩달아 가벼운 마음으로 시를 감상하게 될 수밖에 .

보통 때 두보는 한 구 한 글자 치밀한 계획을 세우고 조각품을 깎듯이 시의 조화와 균형을 숙고하고 다듬는 과정을 거쳐 시를 완벽하게 완성하는 詩作 특성을 가진다.

---

1 花卿 : 花敬定을 말함. 卿은 존칭이다. 花는 성이고 敬定이 이름이다
2 錦城 : 지금의 성도
3 絲管 : 악기. 絲는 현악기, 管은 관악기. 여기서는 악곡의 성음
4 日 : 날마다. 매일
5 紛紛 : 성한모습. 뒤섞여 어지러운 모양
6 江 : 성도 부근의 금강(錦江)

그러나 이 시는 마치 말하는 듯 흘러내리고 있다.

단숨에 지어진 시이리라.

본래 재능이 있는 사람이니까. 시성아닌가!

이 시는 역시 두보가 성도에 머물고 있는 동안인 상원2년(761)에 지어졌다.

〈촉의 재상〉을 지은 지 일 년 후의 일이다.

시의 제목을 보니까 화경(花卿)에게 보내는 증시(贈詩)이다.

그럼 화경은 누구인가?

화경은 화경정(花敬定)이란 설도 있고 아니면 성도의 기생이름이란 설도 있고 또 노래 잘 부르는 명창이었다는 설도 있다.

그러나 양신(楊愼), 심덕잠(沈德潛) 등 많은 시 평론가들이 화경정으로 본다.

그러면 화경정은 어떤 사람인가?

화경정을 존경하는 의미에서 경(卿)자를 붙여 놨겠다.

화경정은 당시에 성도윤(成道尹), 최광원(崔光遠)의 부하 장군이었다. 일찍이 난을 평정한 공로가 있었던 사람이라 대우를 받고 있었다. 그런데 그는 공을 세웠다는 데에 의거하여 대단히 오만해졌고 불법을 자행하며 방종한 사치의 생활을 한다.

그의 안중에는 조정이나 官이 없었다. 그는 종일 연회를 열고 분수에 넘치는 참람한 행위를 자행했다.

당시에 당나라에는 예악의 질서를 법으로 정하여 놓았다.

즉 황제의 음악, 왕공의 음악, 황태자의 음악이 달랐고 궁중 밖에서 관직이 내려갈수록, 서민에 이를수록 음악은 더욱 제약을 받는다.
 그런데 화경정은 법의 질서를 무시하고 조정에서만 행해야 할 천자의 음악을 가지고 자신의 집에서 연회를 베풀며 소일하고 지냈다.
 이 시는 해설하는 사람에 따라서 두 가지 해법이 가능하다.
 두 가지란 첫째, 악곡을 찬미하는 노래로 보는 견해와 둘째, 언어 밖에서 뜻을 찾으라고 보는 견해이다.
 그러면 찬미의 노래로 우선 불러보자.
 1, 2구를 보자.
 1구의 금성은 금관성 즉 성도이다.
 금관성에는 현악기, 관악기 등 여러 악기가 총동원되어 연주하는 교향곡이 매일 매일 울려 퍼진다.
 분분이란, 어지럽게 날아다니는 모습이니 노랫소리가 금관성에 가득 차서 여기저기 휘날리고 있는 모습이다.
 최상의 음악이 맑게 울려 퍼져 가볍게 날아다니면서 금관성을 온통 아름다운 소리로 장식하고 있다.
 2구를 보면 이 아름다운 최상의 음악소리는 반쯤은 바람타고 흘러서 아름다운 금강의 강물 속으로 빠져 들어가고 반은 푸른 하늘로 높이 날아가 떠도는 구름 사이를 떠돈다.
 얼마나 흠모로 가득 찬 예술적 표현이랴!
 강물에서 구름까지라니.
 그 사이의 사람. 산천초목 할 것 없이 모두 음악에 취하여 흥겨우리라.

잡힐 듯. 보일 듯 울려 퍼지는 은은한 음악소리.
금관성은 격식높은 음악의 도시로구나!
환상적이다.
다음에 후반부를 보자.
전반부가 실상의 묘사라면 후반부는 허상의 묘사 즉 가상의 구성이다.
추상적으로 표현했던 아름다운 음악인 곡에 대한 품격과 사회적 가치를 규명하고 있다.
3구를 보니 이 곡조는 이 음악은 단지 천상에서만 있어야 마땅할 악곡이어라!로 되어 있다.
하늘에서만 있어야 할 악곡이니 얼마나 귀한 노래인가!
노래의 품격이 하늘까지 닿았다.
두보는 찬양이 부족하다 싶어 4구로 이어지면서 이렇게 이야기한다.
'인간세상에서 이와 같은 음악을 몇 번이나 들을 수 있을까?'
표면상의 해설로만 본다면,
정말 하늘에나 어울리는 노래를 인간세상에서 듣다니!
하늘과 땅에 있는 인간의 차이는 얼마나 멀고 먼 존재이던가!
지고한 하늘 소리를 보잘것없는 작디작고 낮디 낮은 인간이 들을 수 있다니!
이는 하늘의 신선이나 듣고 즐길 수 있는 음악인데 말이다.
황공무지로소이다.
이처럼 귀한 음악을 듣다니!

감탄할 뿐입니다.
음악에 황홀할 뿐입니다.
아아! 아름다운 천상의 음악이여!
내 그대 화경에게 경의를 표합니다.

둘째 방법인 표현된 언어 밖에서 뜻을 찾아라는 견해로 분석해 보자
이는 함축된 시어로 보아야 한다는 사람들의 주장이다.
시어의 현(絃)밖에 울려 퍼지는 음(音)의 의미를 들을 줄 알아야한다는 주장이다.
이로 본다면 표면적언어를 지나서 깊은 뜻이 담겨져 있다는 뜻이다.
악곡의 묘사에는 꼭 아름답기만 한 것으로 표현이 마무리된 것이 아니라 풍자가 도사리고 있다는 것이다.
'천상'과 '인간'의 대비는 무엇을 의미하는가?
천상이란 보편적으로 황제가 사는 궁중을 상징한다.
봉건사회에서는 극히 자연스럽게 임금을 떠올리는 쌍관어(雙關語)가 아닌가!
그렇다면 '인간'은 임금이 사는 궁중 밖의 사람들을 의미한다.
화경은 어떤 류에 속하는가?
물론 궁중 밖 사람, 일개 지방의 부대 장군일 뿐이다.
일개 인간이 어찌 감히 황궁의 왕을 흉내 내는가!
그렇게 본다면 3구에서 두보가 사용한 시어 속에 분명하게 밝

히는 풍자의 의미가 배어 있다.

다만(只), 마땅히(應)로 쓰인 글자를 보라.

이는 천자만이 단지 들어야 마땅한 음악소리이지 천자 이외에 인간이 듣는 것은 마땅하지 않다는 뜻이다.

4구를 보자

같은 맥락이다.

보통 백성에 해당하는 인간이 어찌하여 감히 외람되게 얻어(得) 들을(聞) 수 있단 말인가!

한두 번이 아니고 몇 번씩이나.

좋은 음악이어서 감사하다는 아부의 편에서 이 4구를 본다면 한 번도 황송 한데 그것도 몇 번씩이나 들려주시다니요!

대단한 찬사처럼 들린다.

그러나 풍자로 본다면, 엄숙한 비판의 눈으로 본다면, 단지 한 번도 안 되는데 어떻게 몇 번씩이나 들을 수 있겠는가라고 비꼬는 말이 된다.

두보의 완곡한 표현 속에는 이처럼 숨은 풍자의 뜻이 살아 넘친다.

충신의 말, 곧은 말은 귀에 거슬리기 마련이다.

더욱이 참람한 사람에게 있어서랴.

부드러운 표현 속에 강한 의지와, 독침이 서려있건만 마치 아첨하는 듯한 외형을 가질 뿐 풍자를 감지하기는 쉬운 일이 아니다.

뜻이 글자 밖에서 이렇게 엄한 경각심을 내포하고 있을 줄이야!

이것이 악기가 튕기는 현 이외에 울려 퍼지는 깊은 음이라는 것이다.

줄여서 현외지음(絃外之音)이라고 한다.

아첨하는 듯, 풍자하는 듯한 이 시의 주지(主旨)를 알기는 쉽지 않다.

관건은 장본인 화경정의 판단력에 달려있다. 그에게 바친 노래이니까.

화경정 경께서는 과연 어떻게 받아들였을까?

기뻐했을까?

대노했을까?

아니면…???

그 뒷얘기는 전하는 바가 없으니 여러분들의 현명하고도 날카로운 비평을 들어봅시다.

어떻게 보시나요?

내친 김에 또 내가 좋아하는 사람, 싫어하는 사람의 류에 대하여 진지하게 생각하고 적어 봅시다.

증 화 경
赠花卿
zèng huā qīng

금 성 사 관 일 분 분
锦城丝管日纷纷
jǐn chéng sī guǎn rì fēn fēn

반 입 강 풍 반 입 운
半入江风半入云
bàn rù jiāng fēng bàn rù yún

차 곡 지 응 천 상 유
此曲只应天上有
cǐ qǔ zhǐ yīng tiān shàng yǒu

인 간 능 득 기 회 문
人间能得几回闻
rén jiān néng dé jǐ huí wén

제15강

望(망)

이번 주는 '望'이란 글자가 시의 제목에 등장하는 시를 골라 테마로 올린다.

망!

'망'자가 시어로 자주 등장하는 데에는 이유가 있다.

우선 뜻이 좋고 게다가 다양한 의미를 지닌 함축어이기 때문이다

'망'자에 대한 이미지를 찾아보자.

술어로 보면, 쳐다본다, 바라본다, 조망한다, 우러러본다, 찾아간다 등이 있고 또 무엇을 바란다, 기대한다, 희망한다는 뜻에서 보듯이 광범위한 경우에 다양하게 활용되고 있음을 알 수 있다.

명사로 본다면, 조망·소망·앙망·원망·희망 등이 떠오른다.

우리가 일상생활에서 매일하는 행위도 아침에 눈을 뜨자마자 '보는' 것을 통해서 '바라는' 것을 향하여 가고 있지 않은가.

더욱이 우리의 젊은이들은 모두 소망을 가지고 미래를 조망하고 좀 더 높은 곳 희망의 봉에 서려고 성실한 하루를 계획하고 나름대로의 삶을 즐기며 스스로의 인생을 수 놓아가고 있지 않은가!

먼 훗날 후회하지 않기 위하여.

모두 아름다운 무늬의 인생이기를 희망하면서 마지막 회를 내보낸다.

다함께 두보와 이백의 '망'을 바라보자.

(1) 望嶽[1]　　　태산을 바라보며

杜 甫

岱宗[2]夫如何	태산을 도대체 어떻게 그릴까?
齊魯[3]靑未了[4]	제와 노에 펼쳐지는 푸르름 가이 없어라.
造化[5]鍾[6]神秀[7]	천지조화는 신묘한 정수를 다 모아 놓았으니
陰陽[8]割昏曉[9]	음양 따라 남북은 낮과 밤처럼 선명하게 갈린다.
盪胸[10]生層雲	층층이 이는 뭉게구름에 가슴은 뛰어놀고
決眥[11]入歸鳥	눈을 크게 떠보니 집 찾는 산새들 날아든다.

---

1 嶽 : 동악(東嶽)인 태산을 가리킴
2 岱宗 : 대산. 즉 泰山의 별칭. 岱는 시작이란 뜻. 宗은 태산이 오악 중의 첫 번째 산임을 의미함
3 齊魯 : 齊는 산동성 동쪽 태산의 북쪽이고, 魯는 산동성 중부 일대로 태산의 남쪽이다. 춘추시대의 옛 이름
4 未了 : 다함이 없다. 끝이 없다
5 造化 : 조물주. 우주의 조화. 천지
6 鍾 : 한데 모으다. 한 곳에 모임
7 神秀 : 신묘한 아름다움
8 陰陽 : 산의 북쪽은 음이고 산의 남쪽은 양이라고 부른다. 햇빛이 비침에 따라 산을 음과 양으로 표현함
9 昏曉 : 어두움과 밝음. 명암
10 盪胸 : 가슴 설렘
11 決眥 : 눈을 크게 뜨다. 決은 찢어지다. 갈라지다의 뜻

會當[12]凌絕頂　　　　기어이 산꼭대기 정점에 우뚝 서리니
一覽衆山小　　　　　단번에 뭇 산 작은 것을 굽어보리라.

이 시는 개원 24년(736) 두보나이 24세 때에 쓰였다.

일 년 전인 735년에 두보는 낙양에서 거행하는 진사시험에 낙방한다.

그리고는 다음해부터 약 5년여 동안 제나라, 노나라가 있는 지금의 하북성, 산서성, 산동성 일대를 유랑한다. 이 시는 그가 산동에 있는 태산을 유람할 때에 지은 것이다.

두보는 〈망악〉의 시를 세 수 지었는데 이 편인 동악(태산)과 서악(화산)과 남악(항산)이 그것이다. 이 중에 가장 유명한 것이 바로 태산을 읊은 이 시이다. 두보 시 중에서 초기의 작품에 속한다.

우선 시의 제목을 보자.

작가는 태산인 '동악을 바라보며'라고 시제를 달고 있다.

악양루는 태산에 비교할 수 없을 만큼 낮은데도 〈등악양루〉이고 중양절에 기주산에 오를 때도 〈등고〉라고 하여 오른다는 시제를 달았었다. 그런데 이 태산은 높은 데에도 '망'이다.

다 오르지 않고 쳐다보면서 짓는다고 시제에서 밝히고 있다.

'망'자가 각별하리라.

시제에서 우리는 작자가 시를 짓는 시각의 위치를 어디에 두

---

12 會當 : 반드시. 기어코. 꼭

고 관망하며 그의 정을 나타내려고 했는지 살펴볼 필요가 있다.

즉 외면적 경관이 의미하는 내면적 정관(情觀)을 관찰하자.

그러면 1, 2구를 보자.

자문자답의 형식이다.

대종은 오악 중에서 으뜸이라는 뜻인데 이는 태산이 오악 중에 가장 높은 것을 의미하지 않는다. 실제로 제일 높지도 않다.

그러나 태산이 으뜸으로 존중 받는 것은 옛 제왕들이 가장 동쪽의 산인 이 태산에 찾아와 왕왕 제사를 지냈기 때문이다.

두보 역시 앙모의 정을 갖고 그 흥분과 기쁨을 어떻게 표현할까하다가 물음의 형식으로 경탄하고 있다.

이 구에서 답을 보이고 있는데 축적된 용량이 거대하다.

춘추시대 제나라와 노나라의 양 대국 국경을 인접하고 푸르름 가득히 정기가 흐르는 태산의 용량이여!

끝간 데가 없이 이어지는 산봉우리들의 드높고 광활하고 웅장한 기세를 독자에게 상상하게 만든다.

사실적 아름다움보다도 상상의 아름다움이 더 커져서 문학적 경계를 한없이 넓게 열어 놓고 있다.

3, 4구는 1, 2구의 원경에 대비하여 근경을 묘사하고 있다.

조물주가 천지조화의 가장 신령스러운 모습을 다 모아 놓았다고 했다.

3, 4구로도 대비이다.

'조화'와 '음양', '모으다'와 '가르다', '신의 빼어남'과 '혼효(아침·저녁)'가 대구이다.

산은 남쪽과 북쪽이 햇볕을 받느냐 안 받느냐에 따라 명암이 선명하게 갈리는데 마치 아침과 저녁이 분명하듯 밝음과 어둠을 쫘악 갈라놓은 듯하다고 표현했다.

산의 뒷면은 낮이어도 산이 깊으면 어둠으로 가려져 있지 않은가 말이다.

시야가 크고 산에 대한 신비한 기운이 감돈다.

3구는 산의 신령함을, 4구는 산세의 높고 큼을 묘사하여 신기함과 거대함의 기상을 정적으로 개괄하고 있다.

후반부는 태산의 감촉을 정을 담아 표현하고 있다.

5구와 6구가 대구이다.

태산을 바라보는 각도가 가까워졌고 구체화 시키고 있다.

3, 4구의 정적묘사와 대비되어 동적묘사로 표현되었다.

쿵쾅 쿵쾅 뛰는 가슴이여!

무엇 때문인가?

층층이 첩첩이 쌓아 생기는 구름 때문이다.

파란 산에 흰 구름 뭉게뭉게 쌓일 때 시인은 대자연의 신비한 조화에 감동되어 가슴이 뛰고 있노라고 밝히고 있다.

그러기를 한참,

무언가 몰려오는 것을 느껴 눈을 부릅뜨고 멀리를 바라보니 아! 저녁이 되어 자신의 집인 둥지를 찾아 날아 들어오는 산새들이었다.

시야 가득하게 들어오는 새들의 모습이다.

광활한 산의 넓은 공간을 나는 새들의 움직임에 절로 눈이 둥그레 해지는 시인의 모습이여.

　실경의 묘사이면서 그 신선한 충격에 감동하는 작가의 순진한 마음과 젊은이의 기개가 보이는 듯하다.

　마지막 7, 8구는 자신의 정을 더 많이 경속에 삽입시켰다.

　관망한 감정의 초점이 작자가 보여주려는 내심의 초점과 어우러져 말미의 연을 장식하고 있다.

　내 언젠가는 틀림없이 동악의 최고봉인 정상 꼭대기에 올라서리라.

　그리고는 사방에 둘러있는 뭇 산들이 아주 작다는 것을 한눈에 쭈욱 훑어내려 보리라.

　작자는 산의 정상에 오르고 싶은 강한 충동을 느끼며 훗날을 기약한다.

　언젠가는 산을 정복하겠다는 시인의 웅장한 기개를 펴 보이고 있다.

　여기에는 작가의 도전정신과 상징성이 풍부하게 담겨있다.

　작가는 어떤 고난이나 역경이라도 이겨내고 정상에 오르겠다는 기상과 야망을 갖고 있다.

　나는 포부가 있고 언젠가는 재능을 펴게 되리라.

　미련은 젊은이의 패기와 자부심으로 가득차서 산의 웅혼함만큼이나 생명력이 넘치고 있다.

　여기에서 '망'의 의미를 찾을 수 있으리라.

　왜 두보가 등악(登岳)이라 하지 않고 망악(望岳)이라고 했는지에 대하여.

태산을 인생으로 바라보라.

젊은이의 나이는 정상에 오르려면 한참 밑에 있어서 정상을 바라보아야 하리라.

'망악'의 위치는 곧 시를 쓰던 시절에 작가가 위치한 인생의 높이이리라.

야망으로 가득 찼었던 어느 젊은 날…

망 악
望 岳
wàng yuè

대 종 부 여 하
岱宗夫如何
dài zōng fū rú hé

제 노 청 미 료
齐鲁青未了
qí lǔ qīng wèi liǎo

조 화 종 신 수
造化钟神秀
zào huà zhōng shén xiù

음 양 할 혼 효
阴阳割昏晓
yīn yáng gē hūn xiǎo

탕 흉 생 층 운
荡胸生层云
dàng xiōng shēng céng yún

결 자 입 귀 조
决眦入归鸟
juē zì rù guī niǎo

회 당 릉 절 정
会当凌绝顶
huì dāng líng jué dǐng

일 람 중 산 소
一览众山小
yī lǎn zhòng shān xiǎo

(2) 春望　　　봄날에 바라보나니

杜 甫

國¹破山河在	나라는 조각나도 산하는 여전하고
城²春草木深	도성에 봄이오니 초목이 무성하도다.
感時³花濺淚⁴	시절을 슬퍼하니 꽃조차 눈물 흘리고
恨別鳥驚心⁵	이별이 한스러워 새마저 가슴 놀랜다.
烽火連三月⁶	봉화불은 석 달이나 계속 이어지고
家書抵萬金⁷	집안 소식은 만금에 값하는 것을
白頭搔⁸更短	흰머리 긁을수록 더욱 짧아져
渾⁹欲不勝簪¹⁰	이제는 동곳조차 이기지 못하는구나.

이 시는 두보의 대표작으로 많이 소개되는 작품이다.
보아온 시라도 다시 한 번 보면 또 새로우리라.
숙종 지덕 2년(757) 봄에 지어진 시다.

---

1 國 : 나라. 국도. 장안
2 城 : 장안성
3 感時 : 시세에 슬퍼함
4 濺淚 : 눈물을 흘리다
5 驚心 : 가슴을 놀래다
6 三月 : 석 달. 즉 긴 세월. 三은 많다는 뜻. 혹은 3월
7 抵萬金 : 抵는 당하다, 상당하다. 즉 만금의 값에 해당한다.
8 白頭搔 : 흰머리를 긁다
9 渾 : 온전히. 다. 전적으로
10 不勝簪 : 동곳을 꽂을 수 없다. 이기지 못한다.

천보 14년(755) 안록산이 하북지방에서 군병을 이끌고 당에 반란을 일으킨다. 중원을 향해서 약탈하던 반란군은 낙양, 그리고 수도 장안을 공격하고 드디어 함락시킨다. 756년 6월이었다.

두보는 이 때에 영무에서 즉위한 숙종의 소식을 듣고 처자를 부주에 남겨놓고 홀로 영무에 가다가 반란군에게 잡혀서 장안에 이송된다.

이는 〈月夜〉에서도 소개되었지요?

이 시는 그 이듬해 757년 3월 장안에 머물면서 달라진 수도 장안의 봄날 광경을 보고 느낀 바가 있어 감회를 읊은 것이다. 그리고는 4월에 두보는 장안을 빠져나와 숙종이 있는 봉상으로 달려갔다.

그러면 선경후정의 구도 하에 쓰여 진 시를 보자.

1구와 2구는 모두 대구로 되어있다.

'국'과 '성', '파'와 '춘', '산하'와 '초목', '재'와 '심'이 대구자이다. 봄날의 전경은 어떠했는가?

조망한 봄의 모습은 나라가 다 갈기갈기 찢기어졌는데도 산과 강은 예전 그대로 있고 또 장안성은 봄이 왔으나 초목은 무성할 대로 우거져서 마구 자라고 있다.

산산조각 깨졌는데 그대로 있는 것, 화사한 봄인데 잡초목만 무성한 것, 이것은 질서가 바로 잡혀서 잘 돌아가는 다듬어진 수도의 형상이 아니다.

시국이 어지럽고 황폐해진 수도의 일그러진 모습이다.

수도에 사람의 모습이 보이지 않는 것은 이미 반란군만이 득

실거릴 뿐 본래의 선량한 백성은 모두 피난가고 아무도 없으니 도시는 텅 비어 있는 것이다. 실로 '산천은 의구한데 인걸은 간데없고 어즈버 태평세월이 꿈이런가 하노라'의 상황이리라.

경관의 묘사이나 시인이 암담한 감촉의 정을 의탁하여 표현하고 있다.

3, 4구에서는 좀 더 가까이 있는 근경을 조망하고 있다.

꽃과 새가 소재이다.

꽃을 보니 어떠한가? 또 새는 어떠한가?

두 가지 해석이 가능하다.

먼저 의인화의 해법이다.

사람뿐만이 아니라 꽃조차도 시국의 형세를 감지하고 슬퍼서 눈물을 흘리고 있네…

새 마저도 난리통에 이별한 가족이 한스러워 해서 조금만 부스럭거리는 소리만 들어도 가슴을 놀랜다.

다음은 사람, 즉 시인이 주체인 해석이다.

시국이 시국이니 만큼 예쁘게 핀 꽃만 보아도 눈물이 절로난다.

생이별이 한스러우니 움직이는 새 소리만 들어도 놀라는 가슴이다.

여러분은 어떤 해설이 더 문학적 경계가 크다고 느끼는지요??

그건 그렇고, 3, 4구도 대구로 쓰였다.

'감시'와 '한별'이, '화천루'와 '조경심'이 대구이다.

자기의 신세와 심사가 경물 속에 이입되어 경물과 사람인 시인이 혼연일체가 된 것이다.

그리고 시의 주제가 선명히 나타난다.

시세, 시국에 대한 감상과 이 산에 대한 한탄이 주제로 등장하여 작가는 봄을 조망하고 있는 것이다.

3구는 나라를, 4구는 백성을 주제로 하고 있다.

이 내용을 중심으로 앞 연에서 이어받았고 뒷 연으로 연결되어 진다.

그렇다면 제목의 '망'자는 우선 '조망'한다의 뜻이 가장 강한 것이 사실이지만 시인의 심사로 볼 때 한탄의 뜻을 밝혔으니 시국에 대한 원망의 뜻이 없혔으리라. '원망'에는 회생을 바라는 소망이 밑바탕에 담겨져 있기도 하리라.

그것이 곧 '춘망'이리라.

시는 후반부로 이어지면서 강한 정감이 노출된다.

5, 6구를 보자.

봉화는 그해 정월부터 삼월까지 이어졌다고 한다.

그러나 삼(三) 자는 시어로서 허수가 아닌가! 많다는 뜻으로.

또 공교롭게도 이 시는 춘삼월에 쓰여 졌고 또 오언시의 자수도 맞추어야 하고 이래저래 두보는 서슴없이 삼월을 쉽게 시구로 정해 썼으리라.

그런데 후대의 사람들의 해석은 분분하여 석 달 동안, 여러 해 동안, 삼월까지 등등의 의견을 제출한다.

'봉화'와 '가서', '연삼월'과 '저만금'이 대구이다.

5구는 나랏일에 대한 한탄과 울분이요. 6구는 백성 개개인에 대한 근심과 걱정이다.

집에서 오는 편지 소식은 값으로 치면 만금에 해당할 만큼 가치 있고 소중한 것이다.
집편지는 두보가 개인의 일에 한정시키는 것이 아닐 것이다.
나라라는 테두리 안에 그 기반의 가장 작은 단위는 가정이다.
모든 백성들 가족이 한데 모여 화목한 생활을 할 때에 국가는 안정 속에 번영한다.

그런데 지금의 상황은 어떠한가?
가족은 뿔뿔이 흩어져 있고 그들의 생사는 알 길 조차 힘든 세상이니 애국애민의 시인 우리 두보는 사회의 안정과 민중의 삶의 터전에 대한 걱정이 어찌 들지 않겠는가?
물론 두보의 상황이기도 하지만 말이다.
가정의 소중함이 무게감으로 다가온다.
7, 8구 마지막 연을 보자.
파탄난 나라, 알 길 없는 가족의 소식에 대한 불안감과 자신의 처지에 대한 한숨과 나라를 어떻게 해볼 수도 없는 무력감으로 가득차서 처참해진 시인은 봄날을 하염없이 바라볼 뿐이다. 그리고 그의 심정을 이렇게 나타내고 있다.

근심으로 쌓인 흰머리,
불안 초조해서 긁고 또 긁었더니,
자꾸만 빠지고 더욱 더 짧아져서,
결국에는 동곳을 꽂아 놓으려고 해도 성긴 머리카락이 견디기 힘든 상황이로구나.

난리통에 근심으로 더욱 늙었겠지만 쇠약하고 늙음을 한탄하는 비애가 개인의 외형적 늙음에 단순히 머물지는 않으리라.

이때 두보의 나이는 46세이다.

미련의 표현은 다소 과장법이 아니겠는가!

그러나 이는 작가의 비통해 하는 현실의 마음을 상징적으로 절실히 표현한 것이다.

오히려 시인은 울분에 타는 가슴을 속 시원히 다 내비치지 못했다고 홀로 서운해 할지도 모르리라.

춘 망
春望
chūn wàng

국 파 산 하 재
国破山河在
guó pò shān hé zài

성 춘 초 목 심
城春草木深
chéng chūn cǎo mù shēn

감 시 화 천 루
感时花溅泪
gǎn shí huā jiàn lèi

한 별 조 경 심
恨别鸟惊心
hèn bié niǎo jīng xīn

봉 화 연 삼 월
烽火连三月
fēng huǒ lián sān yuè

가 서 저 만 금
家书抵万金
jiā shū dǐ wàn jīn

백 두 소 갱 단
白头搔更短
bái tóu sāo gèng duǎn

혼 욕 불 승 잠
浑欲不胜簪
hún yù bù shèng zān

(3) 望天門山[1]　　　천문산을 바라보며

李 白

天門中斷楚江[2]開	하늘 문 한복판을 가르매 양자강이 열렸고
碧水東流至北迴	푸른 물은 동으로 흐르다 북녘 돌아 굽이치누나.
兩岸靑山[3]相對出[4]	강 양변 푸르른 산 맞대하고 마중할새
孤帆一片日邊[5]來	외로운 돛배 하나 해로부터 나왔노라.

이 시는 시인이 안휘성 당도현 부근의 장강을 유람할 때 쓴 작품인데 이백 특유의 기상이 잘 드러나 있다.

천문산은 말 그대로 하늘문이 아닌가!

하늘문! 도대체 어떻게 생겨서 얻어진 이름일까?

무호(蕪湖)에서 당도(當塗)에 이르는 장강의 물줄기를 타고 내려오면 높은 산이 양쪽으로 기세 좋게 솟아 있어서 마치 두 산이 붙어있는 것 같은 착각을 느낄 정도로 좁은 강안이 나타난다. 강변의 동쪽으로는 박망산이라 부르고 서쪽으로는 양산이라

---

1 天門山 : 지금은 안휘성 당도현 서남쪽 부근의 장강 양쪽 강변에 있는 산 이름. 동쪽은 박망산(博望山)이고 서쪽은 양산(梁山)이다. 강을 끼고 대치하고 있어서 이 둘을 합쳐서 천문산이라고 부른다
2 楚江 : 초나라로 흐르는 양자강. 안휘성은 옛날 초나라에 속했다
3 兩岸靑山 : 천문산을 가리킨다
4 相對出 : 강을 사이에 두고 대치하여 서 있는 모습
5 日邊 : 해의 가장자리. 해 언저리

고 부르는 것이 이 시에 등장하는 양안의 푸른 청산이다.
　이 두 산을 합쳐서 천문산이라고 부른다.
　두 산의 형세가 하늘을 여는 문처럼 강물을 열어주고 있기 때문이다.
　이를 보고 있는 시인이 〈망 천문산〉이라는 시제를 정하고 경관의 형상을 그리고 있다.
　1구를 보자.
　천문산 중간 한복판을 탁 끊어 잘라서 초강이 열리게 되었다고 했겠다.
　본래에는 하늘이 낸 커다란 산이 하나 있었는데 그 가운데가 쩍 쪼개져 갈리더니 하늘문을 설치하고 문을 열어주어 초강이 흐르게 되었다고 시인은 말한다.
　산은 동서로 갈렸으니 이름도 하나씩 다시 지어주고 장강을 콸콸 흐르게 만들었다.
　작가의 풍부한 상상력이 돋보인다.
　이곳의 물은 거세게 용솟음치고 흐르며 산의 형세 역시 험악하게 솟아있다.
　문은 누가 열었나?
　기세 좋게 솟구쳐 흐르며 큰 힘을 발휘한 양자강물이다.
　거대한 생명력을 가지고 굳세게 흐르는 강물의 장활한 동태미가 선명하게 그려지리라.
　2구를 보자.
　푸른 물은 동쪽으로 흘러오다가 이곳에 이르게 되자 선회하여 북쪽으로 방향을 바꾸어 흐른다.
 장강의 사실적 현상을 작가는 세밀하게 묘사하고 있다.
 푸른 물은 장관을 이루면서 거세게 파도칠 것이다. 큰소리를 내면서.
 그러나 천문산은 말이 없어 묵묵히 세찬 물에게 지나가는 통로를 제공하고 있다.
 그러면서 하늘문답게 그냥 곧게 지나가게 하지 않고 구속력을 발휘한다.
 '방향을 틀어라. 물길을 바꾸어라.'
 거센 물이지만 그 흉용(洶湧)함의 주장을 꺾게 만드는 산의 기험한 형세에 눈을 돌려보자.
 산의 기세조차 만만치 않다.
 물을 이기는 웅장한 역량을 가지고 있지 않은가!
 하늘의 신령이 자연을 조정하고 운용하는 듯 거대하나 보이지 않는 생명의 힘이 세상을 조작하고 꿈틀거리게 만드는 것 만 같은 신기한 위세가 느껴진다.
 3구를 보니,
 양쪽 강변에 푸른 두 산이 서로 마주보며 마중 나오고 있다.
 두 산이 나오고 있다는 동적인 표현은 쉽게 쓸 수 있는 상황이나 정황이 아니다.
 왜냐하면 산은 움직이지 않고 고정되어 있는 경물이기 때문이다.
 그렇다면 이것은 전적으로 시인의 흥취에서 나왔으리라.

이는 시인이 순류의 강물을 타고 점점 천문산에 접근하고 있는 묘사이다.

배를 타고 점점 접근하려 하니 마치 두 산이 함께 마주보며 돌출하고 있는 모양이 마치 자기를 맞으러 나오고 있는 듯한 신비함에 쌓여있다.

산의 동태미가 신선하다. 여유 만만함을 뽐내면서.

시인이 어찌 응답하지 않을 수 있으랴!

환영하는 하늘 문지기 산에게 시인은 4구에서 응답한다.

외로운 배 한 조각으로 우선 자신이 탄 배를 표현했다.

대 자연의 용솟음치는 생명력 앞에서 어찌 작아지지 않을 수 있으랴.

이백이 홀로 탄 배와 자연의 기세를 객관적으로 그림을 그리며 상상하고 비교해보라.

어찌 겸손해 지지 않으랴.

아마도 이때에 이백은 장안의 현종을 하직하고 안록산의 난이 일어나기 직전까지 떠돌이 하며 지내던 시기였으리라. 이백이 당도에 들려 지은 시들이 이때를 같이하고 있으니까.

작은 배 한 척의 경에다가 외롭고 고독한 인생까지 곁들여서 외로운 돛배가 되었을 것이다.

그러나 순간뿐이요. 호방한 기질의 시인이 어찌 여기서 머물랴.

천문산이 돛배인 나에게 환영의 악수를 청하지 않는가!

갑자기 마음을 다잡고 기백 좋게 응대한다.

순수하게 기쁜 마음 되어 나름대로 예의를 지키면서 하는 소리,

'나는 저 먼 곳 해의 한쪽에서 왔소이다.'라고

손님 이백은 하늘문에 다다르면서 신이 났다.

하늘문을 열고 새로운 세상으로 들어가는 시인의 모습은 외로운 현세를 등지고 마치 초탈한 신비의 딴 세계로 들어가는 예식을 치르는 듯하다.

그것도 당당하게, 자아를 내세우면서.

하늘과 해의 대면이 아닌가!

해의 언저리에서 있다가 왔습니다요. 하늘과 맞먹는 해 말입니다.

이는 그냥 단순한 이백의 자아형상일수도 있다.

웅장하고 거대한 대시인의 미화된 자아형상말이다.

그러나 '해'의 상징은 늘 왕의 대명사가 아닌가!

인간의 최고자리에 있는 왕으로부터 왔다구요.

왕의 밀사로, 왕이 뽑은 대표로 멀리 머나먼 곳으로부터 왔습니다.

웅대하고 험악한 형세의 산, 꺾기 힘들게 거센 파도 앞에서

이백은 결코 기가 죽지 않는다.

아마도 죽어 저승에 갈 때에도 당당하게 쾅쾅 저승문을 두드렸으리라.

……

'나 이백 들어가오. 문을 활짝 여시오'라고…

망천문산
望天门山
wàng tiān mén shān

천문중단초강개
天门中断楚江开
tiān mén zhōng duàn chǔ jiāng kāi

벽수동류지차회
碧水东流至此回
bì shuǐ dōng liú zhì cǐ huí

양안청산상대출
两岸青山相对出
liǎng àn qīng shān xiāng duì chū

고범일편일변래
孤帆一片日边来
gū fān yī piàn rì biān lái

(4) 望廬山¹瀑布   여산 폭포를 바라보며

李 白

日照香爐²生紫煙³	향로봉에 해 비추니 자색연기 피어오르고
遙看⁴瀑布掛⁵前川	멀리 뵈는 폭포는 앞 냇물에 걸려 있구나.
飛流直下三千尺	날아 흘러 내리쏟는 삼천 척 물길
疑是⁶銀河落九天⁷	은하수가 머나먼 구천에서 떨어지는 듯.

여산진면목(廬山眞面目)이란 말이 있다.

여산은 보는 장소와 각도에 따라 산의 형세가 다르게 보이기 때문에 여산의 실제 모습은 알기 힘들다는 뜻이다.

여기에 등장하는 향로봉만 해도 〈태평환우기(太平寰宇記)〉에는 '여산 북쪽에 우뚝 솟은 둥근 봉우리가 있는데 안개와 구름이 걷히면 마치 향로와 같은 모양이다.'라고 쓰여 있어서 이백의 묘사와는 사뭇 다른 모습을 보이고 있다.

이 시는 이백의 호방한 기질이 유감없이 발휘된 작품이다.

그러면 칠언절구인 작품의 전반부 1, 2구를 보자.

---

1 廬山 : 강서성 구강(九江) 시에 있는 명산. 중국의 유명한 관광지, 많은 문필가들이 왕래함. 문학의 소재로 자주 사용됨
2 香爐 : 여산의 한 봉우리는 모양이 香爐와 흡사하여 향로봉이라 부름
3 紫煙 : 해가 뜨니 떠오르는 안개가 紫色(자색)으로 물들어 보인다는 뜻
4 遙看 : 멀리보임
5 掛 : 걸려 있다
6 疑是 : 아마도
7 九天 : 한없이 높은 하늘. 하늘의 가장 높은 층

시인은 눈에 보이는 바 실경을 묘사하고 있다.
1구를 보면,
해가 향로봉을 비추이게 되니까 향로봉에는 보랏빛 안개가 모락모락 피어오르고 있다.
원경의 묘사법으로 멀리 뵈는 향로산은 마치 향로에서 향불을 피워놓은 듯 자색의 안개가 붉은 아침 햇살을 받으며 아른거리고 있다는 것이다.
시인은 붉은 햇살과 자색 빛 안개로 위에서 내려오고 아래에서 위로 솟는 색채의 시각적 대비를 섞어서 신비의 환상을 갖게 하는 첫 구를 구성해 냈다.
마치 신선이 출현할 듯한 분위기를 조성하면서.
2구를 보면 원경의 폭포가 등장한다.
시인이 멀리 바라본 폭포의 모습은 어떠했는가?
폭포는 앞에 흐르는 냇물 위로 마치 비단폭의 물결을 펴서 산의 벽에다가 고정시켜 걸어 놓은 것 같다고 했다.
마치 옷걸이에 옷을 척 걸고, 사진틀을 벽에 턱 걸쳐 놓듯이.
쏟아지는 폭포를 걸어 놓았다(掛)로 표현된 관망이 이백이 멀리 쳐다본 여산폭포의 총체적 형상이다.
흐르는 내는 평면적 경관이요 쏟아지는 폭포는 수직의 입체적 경관이다.
본래가 흐르는 물이니까 동태일 텐데 그 동태의 형상인 폭포를 움직이지 않는 정태의 형상으로 변형시켜 표현한 서술적 심상이 주는 이미지의 효과가 독특하다.

먼발치로 바라본 폭포의 첫 인상은 시인의 풍요로운 상상력과 범인이 예기치 못했던 기발한 착상이여서 독자에게 신선한 충격을 유발시키기에 충분하다.

얼마나 낭만적인 표현인가!

얼마나 감각적인가!

누구나 쉽게 떠 올릴 수 있는 단어가 아니다.

그러나 이 한 글자의 위력은 얼마나 대단한가.

시인은 폭포를 한 글자로 모두 포괄할 수 있는 기량을 가진데다 경관묘사는 사실성에 근접하여 대중의 공감성을 자아내기에도 충분하다.

또 한편으로는 특히 시인이 대자연에 갖는 신기함과 그 위력이 얼마나 컸던 지를 암시하며 그 뜻을 함께 포괄시키고 있는 글자이기도 하리라.

비유적 심상이 개성적이고 기묘한 상징적 이미지의 효과를 신선하게 함축시키고 있다.

그러면 후반부 3,4구를 보자.

2구에서는 정지상태의 폭포로 묘사하더니 이번에 3구에서는 제대로 소재물의 성질에 보편타당하게도 동태로써 그리고 있다.

자유자재로 심상의 변환을 주관하며 수시로 들어갔다 나왔다 하면서 시의 경계를 출입하고 있는 작가의 조율적 시상의 전개수법이 풍요롭고도 다채롭다.

원경에서 근경으로 관망하면서 폭포에 대한 점층적인 형상화 과정이 이루어지고 있다.

그 동태적 용량의 크기는 어떠한가?

결코 작은 움직임이 아니다.

자세히 보니까 이게 웬일인가!

날아서 흐른다(飛流).

어떤 방향으로?

곧추 내리직하(直下)하고 있다.

얼마만한 길이를 갖추고 흐르나?

삼천 척의 길이이다.

이와 같이 3구에서는 폭포를 조밀하게 관찰하고는 시각적 심상과 함께 청각적 심상을 동반하면서 폭포의 형상을 세심하게 형용, 서술하고 있다.

폭포가 용솟음치며 흘러 내려오는 생동적 모습을 시청각에 호소하기도 하며 회화성을 띠면서 생생하게 표현해내고 있다.

폭포의 힘과 위세는 대단하다.

문학적으로 용납되는 과장법의 삼천 척이 너무나 자연스럽게 용해되어 있다.

엄청난 기세에 쾌속한 속도감으로 높은 허공에서 낮은 천으로 떨어지는 물줄기의 형상이다.

거대한 용량의 힘을 저축하고 있는 공간적 묘사의 회화성 시구이다.

생동감과 생명력이 싱싱하게 솟구친다.

여기에서 그치지 않는다. 주제로 등장한 여산 폭포의 형상이 점층적으로 확대되고 있는 마지막 4구를 보라.

작가의 시상 전개는 더 멀리로 확장, 심화되고 있다.
이 거대한 폭포의 물줄기는 어디서 왔는가?
시인의 자연에 대한 신비함, 신기함, 황홀함은 끝없는 상상의 날개를 펴고 멀리를 난다.
'그래! 은하수야!'
아마도 저 멀고 먼 하늘 끝 가장 높은 층으로부터 내려오는 은하수!
끝없이 떨어지는 은하수.
별처럼 아니 별보다 더 많이 흠뻑 쏟아지는 하늘가 가장 먼 곳에서 내려오는 은하수.'
시인은 자연에 대한 경이로운 황홀감에 싸여 있으리라.
우리는 시인의 풍부한 상상력에 의하여 연상되어진 자연의 신비하고도 위대한 황홀감의 정서에 감정 이입되어 함께 폭포의 웅장함에 몰입 되었으리라.
자연에 감동하고 동화되어 버린 시인의 정서를 따라 함께 거닐며 우리는 신선의 세계로 인도되는 듯하다.
1구에서 4구까지 이어지면서 시적분위기는 더욱 심화되고 고조되는 형상을 이룩하고 있다.
'향로봉에 피어오르는 자색 안개를 황홀한 붉은 햇빛 속에 바라보면서, 산 벽에 걸려 있던 폭포는 어느새 깨어나 허공을 솟구쳐 올라 훨훨 날더니 또 삼천 척을 곧추 떨어지는데, 은하수 멀리 하늘 끝에서 내려와 땅에 꽂히는 듯 물보라치는 모습이여.'
우주적 상상력을 바탕으로 작가의 시적자아와 자연이 함께 어우러져 동화된 분위기를 조성하고 있다.

이는 통일성을 갖춘 시의 균형 잡힌 형식미의 조화로 이룩되었다고 볼 수 있다.

전편에 흐르는 신비의 형상 여산 폭포에 대한 시인의 감흥은 사람들에게 선명한 인상과 상상의 여지를 폭 넓게 열어주는 역할을 하고 있음은 물론이고 호방한 기세의 격조를 갖춘 예술풍격이 어떤 것인가를 알게 하는 표본이 되는 시이다.

망 여 산 폭 포
望廬山瀑布
wàng lú shān pù bù

일 조 향 로 생 자 연
日照香爐生紫煙
rì zhào xiāng lú shēng zī yān

요 간 폭 포 괘 전 천
遙看瀑布掛前川
yáo kàn pù bù guà qián chuān

비 류 직 하 삼 천 척
飛流直下三千尺
fēi liú zhí xià sān qiān chǐ

의 시 은 하 락 구 천
疑是銀河落九天
yí shì yín hé luò jiǔ tiān

■ 송영주(宋永珠)

이화여자대학교 신문방송학과 졸업(학사)
국민대학교 대학원 한문학과 졸업(석사)
국립 대만사범대학교 국문연구소 졸업 (박사)
미국 하버드대학 동아시아 언어와 문화학부 객원교수
중국 북경 외국어대학 파견교수
현재 강원대학교 인문대학 중어중문학과 교수

〈저서 및 논문〉
저서에『왕어양과 이형암의 시학 비교연구』,『당송명청 산문선독』,『왕사진 시선』이 있고, 논문으로「원매의 성령설에 나타난 시 감상 논법」,「청대 원매 시론의 위상 고찰」,「17·18C 경세실학의 문예인식론」,「경세·실학사상과 시문학 이론」,「17·18C 경세실학의 문예 형태론」,「왕국유의 문예본질론」,「왕국유의 경계설과 시 창작 연구」,「왕사진 시에 나타난 신운탐색」,「왕사진 시 구도 연구」,「시경 맹 여주인공의 자아 형성론」,「시경 맹 여주인공 페미니즘 정신」 등 다수가 있다.

중국시와 시인 – 이백, 두보, 왕유

초판 1쇄 2009년 9월 30일
초판 4쇄 2025년 8월 10일
저　　자 송영주
발 행 인 권호순
발 행 처 시간의물레
등　　록 2004년 6월 5일
등록번호 제1-3148호
주　　소 경기도 파주시 숲속노을로 150, 708-701
전　　화 031-945-3867
팩　　스 031-945-3868
전자우편 timeofr@naver.com
I S B N 978-89-91425-86-6 (93820)
정　　가 20,000원
*잘못된 책은 바꿔드립니다.